L’essentiel compté autrement

Logiques économiques

Collection dirigée par Marie-Claude Esposito

La collection regroupe désormais « Logiques économiques » fondée par Gérard Duthil et « Questions économiques » fondée par Xavier Richet †, sous la direction de Marie-Claude Esposito.

Elle couvre tous les domaines de l'économie au sens large (macroéconomie, microéconomie, finance, stratégie d'entreprise, ressources humaines, etc…) et publie également des ouvrages qui s'efforcent de répondre aux grandes questions actuelles. Elle s'adresse aux universitaires, aux étudiants, aux professionnels de l'entreprise et aux lecteurs intéressés par les bouleversements économiques du monde contemporain en pleine mutation.

Dernières parutions

Patrick THOUROT, *L'État face aux risques, De la crise à la gestion prévisionnelle*, 2023.

Christine GALAVIELLE, *La finance : un prisme fragile. Des visions changeantes*, 2017.

Claire EL MOUDDEN, *Redistribution équitable et régimes de retraite*, 2006.

Gérard DUTHIL, *Economie du travail et des ressources humaines*, 2004.

TRUTOS-PETERSON Claudia, *L'émergence de l'arbitrage commercial interna-tional en Amérique latine : l'efficacité de son droit*, 2003.

DIEBOLT C., ESCUDIER J-L., *La croissance économique dans le long terme*, 2002.

MAHIEU François-Régis, *Ethique économique. Fondements anthropologiques*, 2001.

SADIGH Elie, *Du libéralisme ou la loi du plus fort à l'économie politique*, 2001.

FIGUERA Stefano, *Théorie monétaire dans l'économie capitaliste*, 2001.

CANALS Valérie, *Formation-insertion et transformation de la relation salariale*, 2001.

Fabienne Dourson

L'essentiel compté autrement

Modifier la perspective pour préserver un ÉCOSYSTÈME HUMAINEMENT VIVABLE

L'Harmattan

5-7, rue de l'École-Polytechnique – 75005 Paris
www.editions-harmattan.fr
ISBN : 978-2-14-034442-8
EAN : 9782140344428

Sommaire

LISTE DES SIGLES

A.D.E.M.E.	Agence De l'Environnement et de la Maîtrise de l'Énergie
A.F.E.P.	Association Française d'Économie Politique.
C.E.P.E.J.	Commission Européenne Pour l'Efficacité de la Justice
C.I.C.E.	Crédit d'impôt pour la Compétitivité et l'emploi.
E.C.U.	*European Currency Unit* / Unité de compte européenne
E.P.C.I.	Établissements publics de coopération intercommunale
F.A.O.	*Food and Agriculture Organization of the United Nations* / Organisation des Nations Unies pour l'alimentation et l'agriculture
F.E.C.	*Foreign Exchange Certificate* / Certificat devises étrangères
F.N.S.E.A.	Fédération Nationale des Syndicats d'Exploitants Agricoles
G.A.F.A.M.	Google Apple Facebook Amazon Microsoft
G.I.E.C.	Groupe d'experts intergouvernemental sur l'évolution du climat / Intergovernmental Panel on Climate Change
I.P.B.E.S.	Intergovernmental Science-Policy Platform on Biodiversity and Ecosystem Services / Plateforme intergouvernementale scientifique et politique sur la biodiversité et les services écosystémiques
I.S.B.L.S.M.	Institutions sans but lucratif au service des ménages selon l'appellation de la comptabilité nationale.
L.O.L.F.	Lois Organique relative aux Lois de Finances (*infra*, p. 219)
M.E.D.E.F.	Mouvement Des Entreprises De France
N.I.M.B.Y.	*Not In My Back Yard* / Pas dans mon arrière-cour
O.M.C.	Organisation Mondial du Commerce
O.S.T.	Organisation Scientifique du Travail
P.I.B.	Produit Intérieur Brut
P.N.B.	Produit National Brut
R.S.E.	Responsabilité Sociale / Sociétale et Environnementale
Z.A.D.	Zone à défendre
T.I.P.P.	Taxe Intérieure sur les Produits Pétroliers
T.V.A .	Taxe à la Valeur Ajoutée
U.E.	Union Européenne
W.W.F.	*World Wide Fund* / Fonds mondial pour la nature

TABLE DES ANNEXES

Avant-propos

À mesure que les années passent, la trajectoire catastrophique suivie par nos sociétés devient toujours plus évidente. Désormais, sauf à nier les évidences, il n'est plus possible d'ignorer les études convergentes qui l'ont analysée car chacun peut observer très concrètement ses effets. Pourtant, cette connaissance, tant scientifique que factuelle, ne conduit pas à des actions déterminantes : aujourd'hui tout se passe comme si les sociétés étaient incapables de réagir pour préserver leur propre survie. Il va de soi, qu'il ne s'agit pas ici de minimiser la volonté d'action des personnes, seules ou en groupes, ou les initiatives qui, dans leur diversité, émergent partout, mais de constater que la *dimension systémique* est essentielle.

Si les actions individuelles sont importantes, elles ne permettent pas d'obtenir les effets globaux nécessaires, désormais impératifs, pour dévier la trajectoire, et surtout, pour changer complètement de direction, c'est-à-dire *transformer radicalement* les modes de production et de vie. Or précisément, adopter une perspective systémique permet de saisir le cadre et les interactions qui, en dernière analyse, dans une société donnée, conditionnent les possibilités d'agir de chacun. En d'autres termes, sans *transformation du système*, les actions individuelles n'ont, dans le meilleur des cas, que des répercussions limitées. Du reste, l'approche *a-croissante*[1], articule trois niveaux - simplicité volontaire ; expérience collective ; projet politique – , lesquels doivent se renforcer mutuellement.

Si étudier l'histoire et les systèmes économiques nous a mené logiquement à interroger le rapport des sociétés à

---

1 Plus signifiant que *décroissance* (Fabienne Dourson, 2009)

l'écosystème, les concepts développés par Karl Polanyi ainsi que son analyse des *normes sociales* semblent particulièrement adaptés pour une telle perspective. Aussi, à partir fondements historiques et théoriques, il nous semble nécessaire[1] de proposer une *analyse systémique* qui, non seulement justifie la construction d'un *cadre écosystémique englobant* mais en propose les *modalités concrètes* afin de remettre l'économie à sa place seconde, mais non secondaire.

Ce livre s'adresse à un très large public - chercheurs, scientifiques, techniciens, praticiens, fonctionnaires, élus, citoyens ... - la préservation d'une *biosphère humainement vivable* concernant chacun. Il cherche aussi à encourager la *transdisciplinarité* car, au mieux, les spécialistes d'un domaine s'intéressent, à titre personnel, comme tout esprit curieux, à d'autres champs d'étude, ou, à titre professionnel, à la transdisciplinarité jugée fructueuse. Néanmoins, dans ces deux cas, même avec beaucoup de bonne volonté, hors de leur domaine de spécialisation, leurs connaissances restent inévitablement limitées (superficielles, partielles, imprécises, etc.).

S'il va de soi que cette limitation nous concerne aussi, adopter une perspective systémique n'en est pas moins nécessaire et réclame toujours davantage de transdisciplinarité, surtout lorsqu'il s'agit de l'écosystème. Alors que la segmentation disciplinaire, accentuée par le travail en silos, conduit à une très grande spécialisation, utile à bien des égards, elle est défavorable à l'approche systémique porteuse de solutions, ou au moins de pistes, cohérentes. Une perspective que des contributions venues d'univers très différents ne pourraient qu'enrichir.

---

1 Pour nous une évidence et une articulation des diverses actions.

INTRODUCTION

Les incendies gigantesques succèdent aux pluies diluviennes, aux tornades ravageuses et autres épisodes dramatiques[1]. L'empoisonnement de l'air, la stérilisation des sols et les pathologies liées à nos modes de production et de vie sont devenus patents[2]. Les périodes torrides[3] et l'instabilité météorologique rendent la question du changement climatique et, plus généralement, celle de la dégradation de notre écosystème évidentes bien au-delà des cercles avertis ou militants. Désormais, une large part de la population est consciente du problème et des propositions émergent[4] ; souvent localement, des initiatives de transformation radicales[5] existent déjà[6].

Néanmoins, alors même que les dégradations de l'écosystème[7] sont massives, manifestes et parfois

---

1 Selon le site globometer, la F.A.O. estime que 350 millions d'hectares de couvert végétal sont touchés chaque année par les incendies. En France, l'été 2022 a rendu cet aspect particulièrement visible. En 2019 et 2020, les pluies diluviennes en France dans les Alpes Maritimes puis en Belgique et en Allemagne, illustrent autrement cette tendance.

2 Notamment le rapport Meadows (1972) et ses actualisations, ceux du GIEC (1990, 1995, 2001, 2007, 2014, 2021-2)

3 Records de chaleur dans le monde entier, y compris dans les zones tempérées ou arctiques.

4 Avec les réserves de rigueur, des sondages semblent l'indiquer. En France, la convention des citoyens pour le climat atteste de la capacité de personnes dûment informées à proposer des mesures significatives.

5 Ce terme est à comprendre dans son sens premier, c'est-à-dire relatif à la *racine*, à l'essence du problème.

6 Des villes en transition aux diverses initiatives locales. Erik Olin Wright, 2017

spectaculaires[1], les modifications des comportements ne sont toujours pas à la hauteur des enjeux. Les rapports alarmants s'accumulent, les réunions se multiplient sans que des changements significatifs se dessinent en dépit des discours apparemment volontaristes. Pourtant, l'évidence de la catastrophe environnementale ne permet plus d'ignorer le problème, d'éviter non seulement les interrogations sur le contenu et les effets de la *croissance* mais de clairement la mettre en cause. Pendant des années, le déploiement d'un vocabulaire vague et lénifiant a créé l'illusion non seulement qu'une véritable réflexion était en cours mais qu'il existait une action notable et cohérente. À juste titre, Serge Latouche souligne que le *développement durable* est un oxymore[2], un oxymore qui véhicule la même illusion que celui de la *croissance verte* : la possibilité de rester sur la même trajectoire à condition de contenir les dégâts devenus trop flagrants. Force est de constater que ce vocabulaire trompeur a fait perdre un temps précieux : au mieux les réalisations ne correspondent pas aux changements nécessaires, au pire, hormis des discours et quelques aménagements de façade, rien n'a changé, la situation s'est même dégradée.

Pourtant les nouveaux indicateurs, apparus depuis les années quatre-vingt dix[3], ont joué un certain rôle non

---

7 L'emploi des termes écosystème (au singulier) ou biosphère nous semble préférable à celui d'environnement dans la mesure où cette façon de désigner englobe les êtres humains.

1 Le dégel du pergélisol (*permafrost*) tant dans les régions arctiques (Russie, etc.) où il provoque des affaissements et des gouffres gigantesques, que montagneuses avec des effondrements massifs déstabilisant le relief.

2 Expression issue du Rapport Bruntland,1987. Serge Latouche, 2011.

3 Jean Gadrey et Florence Jany-Catrice, 2016.

seulement en contribuant à mettre en évidence les dégâts occasionnés par les modes de production et de vie, tant au plan social qu'écosystémique, mais aussi en modifiant l'appréciation du *bien être* et en relativisant l'idée de progrès dans l'existence matérielle. La nature des indicateurs, monétaires ou non, n'est pas indifférente, loin s'en faut. Si les indicateurs non monétaires donnent une idée assez précise de l'évolution des conditions sociales ou environnementales[1], par essence, ils sont qualitatifs et ne peuvent être intégrés dans un calcul économique, réduit à des grandeurs monétaires. Autrement dit, alors qu'ils améliorent la connaissance d'une société donnée, faute d'être opérationnels, ils sont finalement négligés[2]. En revanche, les indicateurs monétaires présentent un avantage apparent immédiat : celui de pouvoir être intégrés aux calculs usuels[3].

Ainsi, indirectement au moins, ces derniers[4] ont contribué à changer la manière d'envisager l'activité économique et ses implications dans la mesure où la

---

1 Indice de santé sociale, de sécurité personnelle, de bien-être économique, BIP 40 dont l'évolution s'éloigne de celle des P.I.B. successifs, c'est-à-dire de la *croissance* (économique).

2 Non opérationnels au sens où ils sont irréductibles à un calcul de maximisation de l'utilité, telle qu'elle est envisagée dans un système dominé, en dépit de ses échecs, par la *coordination marchande*. En soi, la difficulté à intégrer cette dimension qualitative montre combien la figure de l'*homo œconomicus* calculateur imprègne le système : il s'agit, au mieux, d'une incapacité à réellement interroger un postulat fondamental, au pire, d'une échappatoire pour ne pas affronter une situation, chaque jour plus évidente.

3 Dans notre propos, il s'agira précisément de montrer que les apparences sont trompeuses.

4 P.I.B. vert, indice de bien-être durable, de progrès véritable, etc. dont les évolutions respectives montrent toutefois un découplage avec celle du P.I.B./h.

visibilité de son impact écologique (*externalités négatives* et autres effets indésirables, voire irréversibles) exige, *a minima*, les apparences d'un comportement plus vertueux dont il s'agit de rendre compte. En d'autres termes, d'une certaine manière au moins, le calcul économique comprend cette dimension par la mise en œuvre de nouvelles modalités, pratiques et stratégies économiques. Souvent, des indicateurs *ad hoc* permettent de servir une communication commerciale ou financière, simple habillage d'activités et de comportements très contestables[1]. Pour autant, dans un certain nombre de cas, lorsque les incitations sont suffisamment fortes, les *externalités négatives* peuvent être davantage internalisées[2].

Finalement la manière d'envisager l'articulation entre économie, société et biosphère n'a pas changé[3] : en dépit des affirmations vertueuses, les considérations économiques, au sens étroit[4], restent premières. Le problème fondamental qui se pose ici est celui de l'utilisation de la monnaie en tant qu'*équivalent général* qui permet de

---

1 Hormis des données produites par l'entité elle-même dont la crédibilité est pour le moins douteuse, sous la pression des lobbys, les indicateurs les plus pertinents ne sont pas toujours adoptés. Ainsi des labels peu exigeants peuvent aussi être fallacieux.

2 Actes du premier colloque sur l'Écologie Politique, 2014.

3 Dans les années 60 déjà Peter Drucker proposait pour les firmes trois objectifs résumé par 3 P : *Profit, People, Planet* ; une approche très proche de la R.S.E., laquelle prétend aussi intégrer une dimension environnementale. Dans la logique même de la firme le *profit* est premier et les 40 dernières années montrent que pour augmenter ou préserver celui-ci, les deux autres P ont généralement été sacrifiés, en particulier dans les *firmes transnationales* qui communiquent pourtant abondamment sur le sujet.

4 Par opposition au sens donné par Polanyi, *Infra*, § 2, p. 33

rendre l'écosystème commensurable[1]. En dernière analyse, l'équivalence monétaire générale soumet la biosphère[2] à des prix, en la réduisant à une *marchandise fictive*[3]. Si cette manière de valoriser est commode, voire dans de très nombreuses situations relativement efficace, ne serait-ce que par sa simplicité, elle comporte dans le cas qui nous occupe des limites patentes. Du reste, l'histoire du capitalisme montre que cette convention d'équivalence ne permet pas d'atteindre l'objectif raisonnable de préservation de la biosphère[4]. En conséquence, il s'agit de dépasser les indicateurs monétaires[5] afin de se déprendre d'une logique économique étroite, sans réelle efficacité en matière écosystémique, afin de *compter autrement* pour épargner *ce qui est essentiel*[6].

1 Évidemment, le même raisonnement pourrait être tenu en matière sociale.

2 Qu'il s'agisse du prélèvement des ressources ou des rejets polluants dans leur diversité. L'invention des *services écosystémiques* est à cette égard signifiante car ceux-ci ne s'intéressent à l'écosystème que dans sa dimension économique, et surtout en termes de valorisation marchande. *Infra*, § 1.3, p. 29

3 Un concept polanyien, *Infra*, § 2.2, p. 38

4 Ce constat ne signifie pas qu'un autre mode de coordination serait *ipso facto* plus vertueux. Le système soviétique industrialiste centralisé l'a montré. Fondamentalement, il s'agit d'un choix de société. Pour autant, une relation vertueuse à l'écosystème n'est pas indifférente aux modes de coordination concrets envisagés.

5 Les quarante dernières années ont donné à voir la capacité imaginative et délétère de la finance. En matière écologique (et aussi sociale), elles ont aussi montré qu'il est illusoire, voire pernicieux, de prendre appui sur des indicateurs dont la logique réduit tout à un prix. Il faut donc en tirer les conséquences.

6 Ce texte est une version actualisée et augmentée d'un article de 2015 dont les contraintes de format ne permettaient pas une exposition détaillée de ce qui est proposé ici. Surtout, il s'agissait d'une réflexion en cours d'élaboration.

Or, des arguments historiques et théoriques permettent de fonder d'autres manières de compter. En conséquence, en prenant appui sur des structures qui existent déjà, nous proposons des modalités opérationnelles de quantification alternative[1] avec comme objectif la *modification radicale des modes de production et de vie*, c'est-à-dire de tendre vers une société de sobriété ou d'abondance frugale[2].

1 Une quantification qui réintroduit une dimension qualitative en mettant l'incommensurable en exergue.

2 Ce vocabulaire est issue de la mouvance *a-croissante*. Paul Ariès, 2007, Serge Latouche, 2011, etc.

CHAPITRE I

FONDEMENTS HISTORIQUES ET THÉORIQUES

La transformation significative de l'environnement par les êtres humains est ancienne : les connaissances archéologiques et historiques le montrent. Toutefois la relation à la nature[1] est pensée de diverses manières dans les sociétés anciennes pour finir par converger assez récemment à l'échelle humaine. Les comportements humains[2] dans leur écosystème dépendent directement de cette relation, elle-même conditionnée par ce qu'une société donnée autorise, encourage, interdit, c'est-à-dire les *normes* qui sont les siennes, les choix ayant des répercussions différentes, dans leur intensité, en fonction des possibilités techniques de l'époque. En ce sens, les derniers siècles prennent une place particulièrement importante[3].

---

1 L'histoire montre des relations extrêmement diverses (recherche d'harmonie, de maîtrise, de soumission...), elle-mêmes étroitement liées à la place que les humains s'accordent dans l'écosystème.

2 Contrairement aux sociétés modernes fondées sur l'exploitation de la biosphère, de nombreuses sociétés anciennes, dites primitives, entretiennent une relation respectueuse et très ritualisée à l'écosystème. Par ailleurs, Jérôme Baschet (2016, 2019), aborde les modalités originales mises aujourd'hui en œuvre au Chiapas.

3 Emmanuel Fureix et François Jarrige, 2015.

1. PERSPECTIVE HISTORIQUE

La Révolution Industrielle anglaise de la fin du XVIIIe siècle initie un changement systémique. Des modifications institutionnelles, techniques et économiques bouleversent alors le rapport à la nature[1]. Si les prélèvements excessifs, voire la destruction de biotopes, ne sont pas nouveaux, les transformations relèvent alors d'un autre ordre qui se différencie des mutations antérieures, par son aspect systémique, dans sa dimension à la fois quantitative et qualitative. Le changement d'échelle, l'organisation industrielle, les prélèvements dans tout le monde connu[2] font passer à l'*extractivisme*. L'industrialisation des pays de l'ouest européen et des États-Unis se nourrit d'énergies fossiles et de minerais en tous genres dont les pays colonisés ou assujettis, d'une manière ou d'une autre, sont les grands pourvoyeurs lorsque ces ressources manquent ou viennent à manquer sur les territoires nationaux[3]. Du reste, l'utilisation des énergies fossiles rend à la fois ce grand déménagement du monde possible en déployant des moyens de transport inédits et l'alimente dans la mesure où celles-ci doivent aussi être transportées. Dès le XIXe siècle, l'évolution des modes de production et de vie modifient profondément le cadre d'existence des êtres humains, en particulier des citadins, toujours plus nombreux. Progressivement, la perspective sur l'environ-

1 Alain Gras, 2007. Karl Polanyi, 1983.

2 Il nous semble que le terme de *mondialisation* doit être réservé au dernier quart du XXe siècle. Précédemment, l'internationalisation avec sa dimension coloniale ou impériale semble plus adéquate.

3 Comme depuis l'industrialisation s'est étendue à d'autres pays, non seulement ce mouvement se poursuit mais il se renforce sous une domination actualisée, multiforme.

nement naturel et la relation à l'écosystème changent. Le bouleversement qui s'opère alors n'échappe pas aux contemporains qui s'interrogent. La réflexion dans ce domaine n'est donc pas nouvelle, y compris chez les économistes, même si elle n'occupe pas le devant de la scène. Trois perspectives retiennent ici notre attention[1], d'autant plus qu'elles n'émanent pas d'économistes frontalement opposés au système qui se déploie sous leurs yeux. Nous aborderons ainsi, la réflexion de J. S. Mill relative au sens de l'activité productive, la dépendance énergétique soulignée par le *paradoxe de Jevons* et enfin les *défaillances de marché* constatées par les néo-classiques.

1.1. Sens de l'activité productive

Dès le début du XIXe siècle, alors que les économistes constatent une augmentation de la production[2], un des débats importants porte sur la possibilité d'un état stationnaire[3], généralement pour le redouter. Une crainte qui n'est pas partagée, loin s'en faut, par J. S. Mill :

> « Je ne puis éprouver pour l'état stationnaire des capitaux et de la richesse cette aversion sincère qui se manifeste dans les écrits des économistes de la vieille école. Je suis

1 Évidemment nous ne prétendons pas à l'exhaustivité. Il s'agit ici de mettre en évidence des réflexions qui, d'une manière ou d'une autre, restent actuelles et dont nous tentons de tirer les conséquences.

2 Le terme de *croissance* qui correspond à une augmentation de la production mesurée par le P.I.B., élaboré au XXe siècle, est anachronique. *Infra*, § 3.3, p. 63.

3 Notamment entre Robert Malthus et David Ricardo, du côté des pessimistes, et Jean-Baptiste Say.

> porté à croire qu'en somme il serait bien préférable à notre condition actuelle. »[1]

Non seulement Mill souligne les méfaits du progrès industriel qu'il observe mais il redoute un idéal de vie où la concurrence exacerbée est érigée en norme :

> « Je ne suis pas enchanté de l'idéal de vie que nous présentent ceux qui croient que l'état normal de l'homme est de lutter sans fin pour se tirer d'affaire, que cette mêlée où l'on se foule aux pieds, [...] où l'on s'écrase, où l'on se marche sur les talons et qui est le type de la société actuelle, soit la destinée la plus désirable pour l'humanité au lieu d'être simplement une des phases désagréables du progrès industriel. »

D'ores et déjà, il aborde la question centrale de la répartition des richesses et estime la réduction des inégalités non seulement souhaitable mais possible : d'un côté, par un système éducatif favorisant l'égalité des chances ; de l'autre, par la prudence et la frugalité des individus.

> « Nous pouvons supposer qu'on parvienne à cette meilleure distribution des richesses par l'effet combiné de la prudence et de la frugalité des individus et d'un système d'éducation favorable à l'égalité des fortunes, autant que cela est possible, sans attenter à la liberté que chacun à de disposer des fruits considérables ou médiocres de son travail. »

---

1 J. S. Mill, 1894, citations p. 138-142, traduction française du texte anglais de 1848, BNF, qui a fait l'objet d'une publication en 2014.

Pour Mill l'état stationnaire réduirait les comportements délétères et serait donc plus favorable à l'émergence d'une société plus égalitaire et plus harmonieuse.

> « Cette condition de la société, bien meilleure que celle d'aujourd'hui, est non seulement compatible avec l'état stationnaire, mais elle semble plus facile à réaliser dans cet état que dans tout autre... »
> « Il est douteux que toutes les inventions mécaniques faites jusqu'à ce jour aient diminué la fatigue quotidienne d'un seul être humain. Elles ont permis à un plus grand nombre d'hommes de mener la même vie de réclusion et de travaux pénibles et à un plus grand nombre de manufacturiers et autres de faire de grandes fortunes [...] mais elles n'ont pas encore commencé à opérer dans la destinée de l'humanité les grands changements qu'il est dans leur nature de réaliser. »
> « [Lorsque] avec de bonnes institutions, l'humanité sera guidée par une judicieuse prévoyance [...] les conquêtes faites sur les forces de la nature par l'intelligence et l'énergie des explorateurs scientifiques deviendront la propriété commune de l'espèce et un moyen d'améliorer et d'élever le sort de tous. »[1]

En ce début de XXIe siècle les inégalités ont atteint des sommets[2]. Or, par nature, elles sont néfastes pour notre écosystème car essentiellement porteuse d'*hubris*.[3]

J.S. Mill s'intéresse aussi à l'essence de la relation des êtres humains à la nature pour déplorer le développement

---

1 S'il faut situer le propos dans son époque (1848), il garde sa pertinence au regard de ce qu'il dénonce et de la difficulté, y compris dans la critique, à se départir du vocabulaire de domination.

2 Observatoire des Inégalités.

3 Ce point sera développé au chap. 2, §1.1, p. 76.

d'un rapport utilitaire[1] au détriment d'une existence plus harmonieuse avec son environnement. Un rapport à la biosphère dont nous constatons aujourd'hui les effets délétères.

> « Il n'y a pas grand plaisir à considérer un monde où il ne resterait rien de livré à l'activité spontanée de la nature, où tout *rood* de terre propre à produire des aliments pour l'homme serait mis en culture ; […] où tous les quadrupèdes et tous les oiseaux qui ne seraient pas apprivoisés pour l'usage de l'homme, seraient exterminés comme des concurrents qui viennent lui disputer sa nourriture ; où toute haie, tout arbre inutile seraient déracinés [...], sans qu'on vînt aussitôt les arracher au nom des progrès de l'agriculture. »

L'utilisation banale de l'expression *services écosystémiques* non seulement rend ce rapport utilitaire à la nature évident mais souligne aussi que ceux qui l'emploient, consciemment ou non, n'envisagent aucun changement de trajectoire. Fondamentalement, elle signifie que l'écosystème ne devient une préoccupation que lorsque son altération se répercute directement sur l'activité humaine, lorsque les destructions mettent en cause la pérennité même de certaines activités productives[2]. En creux, cette perspective montre une relation profondément

---

1 J. S. Mill se revendique utilitariste. Toutefois, dans son ouvrage, *L'utilitarisme* (1861), sa perspective se démarque significativement de celle de Jérémy Bentham ou de James Mill. Aussi pour ne pas entrer dans ce débat qui nous éloigne de notre propos, nous utilisons le terme *utilitaire* pour lever d'éventuelles ambiguïtés.

2 Ainsi la réduction des insectes pollinisateurs inquiète lorsque qu'elle touche les abeilles, *productrices de miel*, et encore davantage si elle met en cause la *production fruitière*.

altérée à la nature, comme si les êtres humains n'appartenaient pas eux-mêmes à l'écosystème[7].

Finalement Mill, en soulignant les limites de l'industrialisation telle qu'il l'observe, soulève déjà les questions essentielles et d'une actualité devenue aujourd'hui brûlante :

> «[...] lorsqu'on étudie un mouvement progressif qui n'est pas naturellement infini, l'esprit n'est pas satisfait d'embrasser simplement les lois de ce mouvement, il ne peut manquer de se poser la question : Où tendons-nous ? A quel but définitif la société marche-t-elle avec ses progrès industriels ? Lorsque ces progrès cesseront, quelle sera la condition dans laquelle ils laisseront l'humanité ? »

1.2. Dépendance énergétique

Dès le XIXe siècle, W.S. Jevons constate qu'en dépit des progrès techniques, le mode de production est toujours davantage dépendant de l'énergie, au sens du véritable addiction.

En 1865, Jevons s'intéresse au charbon[1], l'énergie fossile essentielle dans l'industrialisation.

> « *Coal in truth stands not beside but entirely above all other commodities. It is the material energy of the country — the universal aid — the factor in everything we do. With coal almost any feat is possible or easy [...]. With such facts familiarly before us, it can be no matter of surprise that year by year we make larger draughts*

1 W. Stanley Jevons, 1865.

upon a material of such myriad qualities — of such miraculous powers. »[1]
« [...] new applications of coal are of an unlimited character. [...] No chemical or mechanical operation, perhaps, is quite impossible to us, and invention consists in discovering those which are useful and commercially practicable... »[2]

Pour souligner les limites de la consommation de cette énergie :

« I must point out the painful fact that such a rate of growth will before long render our consumption of coal comparable with the total supply. In the increasing depth and difficulty of coal mining we shall meet that vague, but inevitable boundary that will stop our progress. »[3]

---

1 *Ibidem*, p. 15. Traduction proposée : « En vérité, le charbon ne se situe pas à côté, mais totalement au-dessus de toutes les autres matières premières. C'est l'énergie matérielle du pays — l'aide universelle — l'élément qui apparaît dans tout ce que nous faisons. Avec le charbon, pratiquement toutes les prouesses sont possibles, voire faciles [...]. Une fois cette réalité devenue familière, il ne surprendra personne qu'année après année, nous buvions des rasades toujours plus grandes d'un matériau possédant un si grand nombre de qualités — et des pouvoirs si miraculeux. »

2 *Ibid.*, p. 172. « [...] des applications du charbon apparaissent sans cesse dans des domaines nouveaux. [...] Sans doute aucune opération chimique ou mécanique ne nous est tout à fait impossible, et l'inventivité consiste à découvrir celles qui sont utiles et commercialement rentables ... »

3 *Ibid.*, p. 175. « Il est une réalité douloureuse que je dois souligner, qu'avec un tel rythme de croissance, notre consommation de charbon deviendra avant longtemps comparable aux réserves totales. La profondeur et la difficulté d'extraction croissantes nous conduiront à atteindre cette limite floue mais inévitable qui nous empêchera de progresser. »

Et constater l'augmentation tendancielle de celle-ci :

> « *Suppose our progress to be checked within half a century, yet by that time our consumption will probably be three or four times what it now is [...] ; it is a moderate supposition, considering that our consumption has increased eight-fold in the last sixty years. But how shortened and darkened will the prospects of the country appear, with mines already deep, fuel dear, and yet a high rate of consumption to keep up if we are not to retrograde.* »[1]

Pour finalement en tirer la conséquence et souligner un effet paradoxal :

> « *It is wholly a confusion of ideas to suppose that the economical use of fuel is equivalent to a diminished consumption. The very contrary is the truth.* »[2]

En d'autres termes, Jevons aboutit à la formulation d'un constat de limites d'abord exprimé en termes de consommation énergétique puis en terme de coûts :

---

1 *Ibid.*, p. 238. « Supposons que notre progrès soit interrompu dans un demi-siècle. À ce moment-là, notre consommation sera sans doute le triple ou le quadruple de ce qu'elle est aujourd'hui ; [...] c'est une hypothèse qui n'a rien d'excessif, si l'on considère que notre consommation a été multipliée par huit durant les 60 dernières années. Mais imaginez à quel point l'avenir du pays va s'assombrir, avec ses mines déjà profondes, son combustible précieux, et pourtant un rythme de consommation élevé qu'il va falloir maintenir, si nous ne rétrogradons pas. »

2 *Ibid.*, p. 124. « L'idée selon laquelle un usage plus économe du combustible équivaudrait à une moindre consommation est une confusion totale. C'est l'exact contraire qui est vrai. »

« *Whatever, therefore, conduces to increase the efficiency of coal, and to diminish the cost of its use, directly tends to augment the value of the steam-engine, and to enlarge the field of its operations.* »[1]

Aujourd'hui le *paradoxe de Jevons*, couramment qualifié d'*effet rebond*[2], peut se formuler ainsi : alors que les améliorations techniques permettent d'augmenter l'efficacité énergétique, l'utilisation globale d'énergie continue d'augmenter.

Dès la deuxième moitié du XIXe siècle, Jevons souligne donc la dépendance du système économique aux énergies fossiles[3], au sommet de toutes les matières premières consommées, les limites de ces ressources, l'accroissement énorme de leur consommation, la trajectoire productive intenable[4] et le contre-effet paradoxal généré par l'augmentation de l'efficacité énergétique. Plus généralement, le *paradoxe de Jevons* jette un doute sur notre capacité à résoudre les problèmes écosystémiques par les seules *solutions techniques* lorsqu'elle ne met pas en cause nos modes de vie et de production.

Depuis quelques années, les études menées par *NégaWatt* montrent des possibilités impressionnantes

---

1 *Ibid.*, p. 128. « Par conséquent, tout ce qui conduit à augmenter l'efficacité du charbon et à diminuer le coût de son usage, a directement tendance à augmenter la valeur du moteur à vapeur et à élargir le champ de son utilisation. »

2 Serge Latouche, 2011, p. 132.

3 À l'époque de Jevons, le charbon auquel s'ajouteront le pétrole puis le gaz.

4 Comme ses prédécesseurs classiques, Robert Malthus et David Ricardo, un des fondateurs de l'école ultérieurement qualifiée de néoclassique est donc pessimiste quant à la possibilité d'augmentation continue de la production.

d'économie énergétique, encore faut-il qu'elles aboutissent à une diminution globale d'utilisation. Force est de constater que depuis le premier *rapport Meadows* et la *conférence de Stockholm* (1972), qui déjà alertaient clairement sur la nécessité de changer[1] de trajectoire, les gains d'efficacité énergétique ne se sont pas traduits par une moindre consommation : appareils plus efficaces mais qui se multiplient ; automobiles plus sobres mais plus nombreuses et parcourant davantage de kilomètres ; meilleure isolation des logements mais souvent aussi évolution des normes de conforts entraînant l'élévation de la température ambiante l'hiver et l'abaissement l'été, non la diminution de la consommation énergétique dédiée à cet usage, etc.

Plus généralement, les progrès techniques ne conduisent pas à réduire notre utilisation de matières premières, énergétiques comprises, mais à maintenir et développer des modes de production et de vie fondés sur l'*extractivisme*. Au charbon se sont d'abord ajoutés le pétrole et le gaz, avec une extension de l'extraction dans des conditions plus difficiles et avec des modalités toujours plus destructrices pour l'écosystème, y compris dans des zones prétendument protégées[2]. Par ailleurs, non seulement les prélèvements en matières premières ont

1 En France, la candidature de René Dumont aux élections présidentielles de 1974 allait aussi dans ce sens.

2 Aux forages traditionnels se sont ajoutés les extractions en mer, dans des zones froides ou des réserves naturelles, puis les pétroles et gaz de schistes par fracturation hydraulique avec leurs conséquences dévastatrices. Généralement, notons que dans un tel système les réserves naturelles relèvent du régime de l'exception ; exceptions pensées comme anormales, temporaires, à réduire et, tôt ou tard, vouées à disparaître. La réduction progressive des exceptions aux accords de libre-échange le montre à l'envi.

continué à augmenter mais ils se sont progressivement étendus à de nouvelles ressources[1] au point que désormais des pénuries menacent[2].

Finalement, en ce début de XXIe siècle, l'impasse systémique résulte d'abord de son fondement lui-même, au sens des *contradictions internes* mises en évidence dans l'analyse de Marx : non seulement les prélèvements finissent par atteindre des limites[3] mais leur utilisation conduit au réchauffement climatique et à la dégradation multidirectionnelle de l'écosystème[4].

Faute d'attaquer la *racine* du problème, les solutions mises en œuvre ne parviennent pas à infléchir la tendance. Les gains en efficacité, notamment énergétique, ne peuvent apporter leur contribution que dans un cadre fondamentalement différent, globalement économe en ressources. Aussi pour que ces possibilités techniques[5] puissent participer à la préservation de la biosphère, faut-il une transformation profonde de nos modes de production et de vie : une *mise en cause essentielle* de la conception et de l'usage des objets.

---

1 À l'uranium, se sont ajoutés les terres rares.

2 Philippe Bihouix (2011), tout en soulignant les limites d'une telle estimation (hypothèses, possibilités réelles d'extraction ...) donne ces ordres de grandeurs : mesurées en années de production (ou de consommation) actuelle, les réserves varient de quelques décennies (antimoine, zinc, étain, etc.) à quelques siècles (vanadium, cobalt, platine...), la grande majorité se situant entre 30 et 60 ans (nickel, cuivre, plomb, etc.).

3 Limites relatives ou absolues. *Infra*, chap. 2, § 1.1, p. 76.

4 Dégradation de l'air, de l'eau, des sols et prolifération de déchets, souvent dangereux, voire irréductibles (nucléaire)

5 Du reste, privilégier l'utilisation de *low tech* serait judicieux. Philippe Bihouix, 2014.

1.3. *Marché* défaillant

Assez vite, les économistes dits néoclassiques dont l'objet essentiel est la théorisation du *Marché,* en tant que *mode de coordination* de l'économie[1], sont confrontés à un certain nombre de problèmes, notamment la multiplication des hypothèses nécessaires à la modélisation[2] et le constat des défaillances de Marché. Dans notre propos, la non prise en compte des *externalités* concerne une *défaillance de Marché* qui a une importance particulière[3] puisqu'il s'agit de reconsidérer la manière de compter. Si Alfred Marshall souligne les *effets externes* de l'activité économique, A. C. Pigou tente de les internaliser[4] en proposant, lorsqu'elles sont négatives, une taxation *ad hoc*. L'intérêt pour les *externalités* positives n'interviendra que plus tard, notamment avec les théories de la croissance endogène[5]. Dans le domaine de la biosphère, les effets positifs de l'activité humaine deviendront sujet d'étude lorsque leur recul, voire leur disparition, souligneront leur

1 La *société de Marché* (ou l'*économie de Marché*) voit dans LE MARCHÉ un *mode de coordination général* ce qui est radicalement différent de sociétés AVEC des marchés. Rabattre l'un sur les autres nuit à la réflexion. *Infra,* § 2.2, p. 38.

2 Nous ne revenons ici ni sur l'irréalisme des postulats de base ni sur les hypothèses additionnelles et renvoyons le lecteur à Bernard Guerrien, 2007.

3 Évidemment d'autres défaillances de Marché méritent qu'on s'y attarde, y compris dans notre propos. *Infra,* Annexe 11, p. 217.

4 La taxation conduit les firmes à tenir compte des dommages causés puisqu'ils entrent alors dans le calcul des coûts.

5 Dans cette approche théorique l'augmentation de la *productivité* constatées dans les firmes dépend aussi d'effets positifs externes dont elle bénéficie : élévation du niveau des connaissances, d'éducation, infrastructures, etc.

importance. La notion émergente de *service écosystémique* leur donne alors une visibilité nouvelle.

L'évidence des *externalités négatives* pousse les économistes à envisager des mécanismes de correction afin d'essayer de prendre en compte ce que précisément *LE MARCHÉ* ne parvient pas à intégrer, même théoriquement. Pour les économistes qui prônent la *coordination marchande*, de tels dispositifs ne vont pas de soi. Non seulement les *défaillances de Marché* jettent le doute sur l'efficacité du *Marché* et, en général, rendent visible le rôle que doivent jouer[1], dans une société marchande, d'une manière ou d'une autre, les pouvoirs publics mais, dans ce cas précis, elles montrent la nécessité, et donc légitiment, une intervention administrative. Toutefois, dès 1920, Pigou propose de taxer les *externalités négatives* afin de pousser les firmes à les intégrer dans leur calcul économique et donc à œuvrer à leur réduction.

À côté d'une éventuelle réglementation, dans certains cas jusqu'à l'interdiction, c'est-à-dire une législation contraignante, la taxation est un moyen d'internaliser sous formes de coûts les effets indésirables d'une activité, qu'ils touchent d'autres acteurs économiques ou la société en général. Dans une logique d'optimisation, une firme cherchera à minimiser ceux-ci en évitant la taxation et œuvrera donc à la disparition de la nuisance. Encore faut-il

1 Si tel n'est pas le cas, l'histoire montre que des dysfonctionnements importants apparaissent. Or, à l'exception des *ordolibéraux*, la *doxa* libérale peine à reconnaître le rôle des pouvoirs publics (institutions, interventions), ce qui ne signifie pas qu'elle l'ignore, voire parfois la réclame, car celui-ci met à mal non seulement l'efficacité de la *coordination marchande* mais aussi le mythe de son émergence spontanée. *Infra*, § 2.2 p. 38 et 3.3. p. 63.

que la taxation soit suffisamment élevée et réellement appliquée pour générer des modifications vertueuses ! En outre, lorsque le dommage engendré est particulièrement grave ou irréversible, la taxation pigouvienne est inadaptée : la réglementation étant alors la seule solution socialement acceptable. Aujourd'hui, le rôle régulateur attribué aux *marchés de carbone*, c'est-à-dire aux droits à polluer, est en soi contradictoire car il s'agit de pallier une *défaillance de Marché* par un nouveau marché[1]. Hormis l'inefficacité totale du mécanisme – les prix s'effondrent et la pollution continue – qui souligne précisément une défaillance de Marché[2], sa création nécessite d'attribuer des quotas, c'est-à-dire, en dernière analyse, une décision d'une instance extérieure. Autrement dit, non seulement au plan des émissions de carbone ce marché est inefficace mais il ne résout aucune des difficultés réelles liées à la taxation pigouvienne. Dans ces conditions, en dépit de toutes les critiques, cette dernière est encore préférable, ce qui ne signifie pas qu'elle puisse suffire dans la mesure où, précisément, tous les dommages ne peuvent pas se réduire à une compensation monétaire, loin s'en faut.

Les *externalités positives* posent aux économistes le problème inverse. Comment encourager tout ce qui contribue à améliorer l'activité économique ? D'emblée, remarquons que la question se limite à ce domaine et non

1 Alors que la théorie et la pratique (Bernard Guerrien, 2007) ont souligné le caractère illusoire d'une *coordination marchande*, et contrairement à A. C Pigou qui assume les *externalités* en tant que *défaillance de Marché*, en la matière, force est de constater le dogmatisme d'une certaine perspective économique dans le dernier quart du XXe siècle et le premier du suivant.

2 L'éminente économiste Joan Robinson reprochait aux économistes ces expédients pour se dispenser de mettre le modèle en cause.

à l'amélioration de l'existence humaine en général, même si l'une peut influencer l'autre. Cette restriction est importante tant au plan social qu'environnemental car non seulement elle ignore tout ce qui ne contribue pas directement ou indirectement à l'activité économique mais, dans certaines circonstances, ce qui est jugé positif pour celle-ci, ne l'est pas pour ceux-là, voire leur est contraire[1]. En d'autres termes, si l'écosystème est une préoccupation, les choix doivent dépasser le seul cadre économique, avec l'*utilité commune*[2] comme objectif. Au-delà de cette limitation et de ces divergences éventuelles, la question de l'encouragement de ces effets positifs reste entière. Certaines *externalités positives* relèvent clairement de l'action des services publics ou quasi-publics – éducation, santé, etc. - dont la régression ou l'absence montrent, en creux, l'importance. Dans ce cas, ils doivent être financés collectivement en fonction des capacités contributives, ce qui suppose que la puissance publique se donne les moyens d'éviter les *passagers clandestins*[3]. D'autres sont générées par des initiatives privées qui, dans

1 À titre d'exemple, face aux grands projets (aéroports, centres de loisirs, enfouissement de déchets nucléaires, extensions ou contournements routiers, etc) les Z.A.D. illustrent et médiatisent ces appréciations divergentes.

2 Utilité au sens la large, c'est-à-dire au-delà de la simple existence matérielle. Du reste, J. Stuart Mill (1861) qui se démarque nettement de la conception utilitariste de James Mill et de Jérémy Bentham, s'exprime en ce sens.

3 Les questions de l'optimisation et de l'évasion fiscales sont très importantes d'autant que ceux (personnes physiques ou firmes) qui se soustraient à cette contribution en sont souvent les plus grands bénéficiaires. Aussi Léon Bourgeois, à la fin du XIXe, utilisait-il déjà cet argument pour justifier la création de l'impôt progressif sur le revenu.

le domaine de l'environnement, lorsqu'elles sont reconnues, sont qualifiées de *services écosystémiques*[1]. Il faut alors imaginer des mécanismes qui permettent *a minima* le maintien de telles activités. Enfin, certains effets positifs résultent de l'écosystème sans que les êtres humains agissent expressément en ce sens. Dans ce cas, le terme de *service* est particulièrement problématique car non seulement le défaut d'intentionnalité et d'objectif rend le terme inadéquat, mais d'emblée il réduit l'effet à l'utilitaire[2].

Ces interrogations, ces constatations, ces défaillances, voire les tentatives de corrections, sont essentielles pour envisager une transformation sociale radicale car elles montrent, y compris en creux, que des corrections marginales ne sauraient suffire. Néanmoins, modifier fondamentalement l'organisation sociale suppose de saisir les soubassements systémiques pour lesquels l'approche de Karl Polanyi est particulièrement judicieuse.

2. HABITER LE MONDE

Un retour aux travaux de Karl Polanyi semble pertinent en raison de sa façon singulière d'articuler les institutions et les conditions matérielles de l'existence humaine[3]. Pour

1 Le maintien ou le rétablissement de la biodiversité ou d'une végétation propice à la conservation des sols.

2 Considérer la beauté d'un paysage comme un *service écosystémique* revient à adopter une perspective touristique. En creux, sa valeur n'est reconnue que dans cette optique non pour sa beauté intrinsèque, laquelle sera finalement considérée comme négligeable lorsqu'elle entravera quelque projet rentable. *Supra*, § 1.1, p. 19.

3 Ainsi, Karl Polanyi (2008, p. 51) souligne l'étroitesse de la perspective économique dominante, l'apport des autres disciplines sur les conditions de vie matérielle, la diversité des arrangements

notre propos, il suggère à la fois une direction et des moyens. D'abord, en montrant l'importance des liens dans toute société humaine. Ensuite, en proposant des concepts - *encastrement, double-mouvement, marchandise fictive* – et enfin, en analysant l'usage différencié des monnaies anciennes.

2.1. Liens et *encastrement*

Si Polanyi distingue deux sens fondamentaux du terme *économique* qui n'ont rien en commun, contrairement à l'approche économique dominante qui privilégie l'acception historiquement datée[1], nous retenons le *sens substantif* précisément parce qu'il est beaucoup plus général :

> « Le sens substantif tire son origine de la *dépendance* de l'homme par rapport à la nature et à ses semblables pour assurer sa survie. »

Cette définition met en évidence les liens à la nature et les liens des êtres humains entre eux. Polanyi précise :

> « [...] un procès institutionnalisé d'interaction entre l'homme et son environnement, qui se traduit par la fourniture continue de moyens matériels permettant la satisfaction des besoins. »

---

institutionnels, le rôle des communs, etc.

1 Cette perspective coïncide avec l'affirmation du libéralisme économique, l'émergence du système capitaliste, cristallisée dans *la Révolution Industrielle* en Grande-Bretagne à la fin du XVIIIe siècle, et aussi avec la constitution de l'économie en tant que discipline autonome.

« Le procès suggère une analyse en termes de mouvement. Les mouvements se réfèrent soit à des changements de lieux, soit à des changements de possesseurs, soit les deux à la fois. »
« Ce type de mouvement des éléments constitue une part essentielle de l'économie prise dans son sens substantif, à savoir la production. »[1]

Dans *La grande Transformation*, Polanyi souligne la déstabilisation profonde de la société provoquée pas la mise en cause de ces liens et les effets délétères qui s'ensuivent. Alors même que le sous-titre de l'ouvrage *Aux origines politiques et économiques de notre temps* se réfère à la catastrophe de la première moitié du XXe siècle, il garde toute sa pertinence en ce début de XXIe siècle. Jamais les liens des humains entre eux et avec la nature n'ont été à ce point mis à mal[2].

Le concept d'*encastrement* élaboré par Polanyi permet précisément de saisir une modification essentielle dans l'organisation sociale qui se produit autour de 1780[1]. Toutefois, si ce bouleversement change radicalement l'articulation de l'économie à la société, ses effets ne

1 Karl Polanyi, 2008, respectivement p. 53 et p. 57-58.

2 Si la pandémie C19 a rendu cette tendance particulièrement visible par la mise à distance des autres, tant physique que sociale, elle est à l'œuvre depuis longtemps : destruction des collectifs de travail, importance de la robotisation au détriment des contacts humains dans les services, mobilité involontaire des salariés, etc. De même, la relation à la nature s'est considérablement distendue avec l'urbanisation et la production industrielle de la nourriture. Du reste, en France, lors du premier confinement, l'accès à la nature avait été interdit (fermeture des parcs et jardins, des sentiers, des plages, redoublée par un déplacement limité à 1h et à 1km) ce qui, en soi, est révélateur de la perspective dominante sur la relation à la nature : ni équilibrante, ni nécessaire … finalement, inutile.

deviennent visibles que vers 1830[1]. Jusqu'alors l'économie reste encastrée dans le social :

> « Aucune société [...] ne peut exister sans qu'un système d'un type ou d'un autre assure l'ordre dans la production et la distribution des biens. Mais cela n'implique pas l'existence d'institutions économiques séparées ; normalement, l'ordre économique est simplement fonction de l'ordre social, qui le contient. »

Précisément, l'*encastrement* recouvre trois aspects. D'abord, la *non séparation* car la logique économique ne peut se concevoir indépendamment des considérations sociales auxquelles elle est inextricablement mêlée (entrelacée, amalgamée) :

> « [...] ni dans les conditions du tribalisme, ni dans celles de la féodalité, ni dans celles du mercantilisme, il n'a existé dans la société de système économique séparé »[2]

Ensuite, la *hiérarchie* car les considérations sociales se placent toujours au-dessus de la fonction économique. Non seulement l'économie occupe une place subordonnée mais, dans « *la production et la distribution des biens* », les marchés tiennent eux-mêmes une place de second rang.

> « Quoique l'institution du marché ait été tout à fait courante depuis la fin de l'âge de pierre, son rôle n'avait jamais été que secondaire dans la vie économique »

---

1 Karl Polanyi, 1983, p. 155 et 187.
2 *Ibidem*, p. 106, pour les deux citations.

> *A contrario* « l'économie de marché implique une société dont les institutions sont subordonnées aux exigences du mécanisme du marché »[1]

Enfin, l'*englobement* donne la véritable nature de l'*encastrement* : le social *contient*, dans tous les sens du terme, l'économique, qui lui-même inclut le marchand. Ainsi jusqu'au XVIIIe siècle

> « Le système économique était submergé dans les relations sociales générales ; les marchés n'étaient qu'un trait accessoire d'un cadre institutionnel que l'autorité sociale maîtrisait et réglementait plus que jamais »[2]

Pourtant à la fin du siècle un *retournement* (inversion, renversement..) de l'*encastrement*[3] a lieu :

> « Au lieu que l'économie soit encastrée dans les relations sociales, ce sont les relations sociales qui sont encastrées dans le système économique. L'importance vitale du facteur économique pour l'existence de la société exclut tout autre résultat. »
> « [Lorsque] le système économique s'organise en institutions séparées, fondées sur des mobiles déterminés et conférant un statut spécial, la société doit prendre une forme telle qu'elle permette à ce système de fonctionner suivant ses propres lois. C'est là le sens de l'assertion bien

1 *Ibid.*, p. 71 et p. 238.
2 *Ibid.*, p. 101.
3 L'emploi du terme de *désencastrement* ne nous paraît pas souhaitable pour rendre compte du changement analysé par Polanyi. En outre, le terme est ambigu, notamment au regard du concept de *double mouvement*.

connue qui veut qu'une économie de marché ne puisse fonctionner que dans une société de marché ».

« [...] en fin de compte, la raison pour laquelle la maîtrise du système économique par le marché a des effets irrésistibles sur l'organisation tout entière de la société : elle signifie tout bonnement que la société est gérée en tant qu'auxiliaire du marché ».

« [...] l'apparition de l'idée d'autorégulation représenta en vérité un renversement complet de la tendance ».[1]

En d'autres termes, la logique marchande tend à prévaloir sur la logique économique[2], laquelle tend à l'emporter sur les considérations sociales. Ainsi un nombre déterminant d'institutions prend d'abord, voire essentiellement, un caractère économique, plus particulièrement adapté à la *coordination marchande*[3], même si cette tendance est contrariée par *un contre-mouvement*. Aussi, deux autres concepts polanyiens - le *double mouvement* et la *marchandise fictive* – sont-ils nécessaires pour comprendre les modalités et la nature des transformations.

2.2. *Double-mouvement* et *marchandise fictive*

Comme Polanyi le souligne, si le *renversement de l'encastrement* coïncide avec la Révolution Industrielle,

1 *Ibid.*, p. 88 et 102

2 La première renvoie à une modalité particulière de mise en œuvre de la finalité de l'économie.

3 Désormais dans notre commentaire, dans un souci de clarté, nous utiliserons " M " majuscule pour noter le *Marché* au sens *Marché autorégulateur* ; *principe, système, économie* ou *société de Marché*. Cette notation, adoptée par Serge Latouche et Jérôme Maucourant, permet de ne pas le confondre avec le marché, *lieu* réel ou fictif *Infra*, Annexe 11, p. 217.

les effets ne deviennent véritablement visibles qu'un demi-siècle plus tard, lorsque le principe du libéralisme se sera imposé face à la résistance qu'il rencontre. Polanyi théorise cette confrontation grâce au concept de *double-mouvement* qui permet une analyse dynamique de deux principes qui, aujourd'hui encore, s'affrontent dans le système :

> « Le premier est le principe du libéralisme économique qui vise à établir un marché autorégulateur, qui compte sur le soutien des classes commerçantes et qui adopte pour méthode principale le laissez-faire et le libre-échange, l'autre est le principe de la protection sociale, qui vise à conserver l'homme et la nature aussi bien que l'organisation de la production [...] »
> « [La protection sociale] compte sur divers soutiens ceux qui sont directement affectés par l'action du marché - en premier lieu, mais pas exclusivement, la classe ouvrière et les propriétaires terriens - et qui adopte pour méthode des législations protectrices, les associations restrictives et d'autres instruments d'intervention »[1]

Polanyi constate que le premier principe - *libéralisme économique* -, en dépit de son objet - *laissez-faire* ; *libre-échange* – s'impose avec l'aide de l'État.

> « La voie du *libre-échange* a été ouverte, et maintenue ouverte, par un accroissement énorme de *l'interventionnisme* continu, organisé et commandé à partir du centre. »
> « Le contraire du laissez-faire est l'interventionnisme et [...] on ne peut identifier le libéralisme économique au laissez-faire. [...] aussi longtemps que ce système-là n'est

1 *Ibid.*, p. 182.

> pas en place, les tenants de l'économie libérale doivent réclamer - et ils n'hésiteront pas à le faire - que l'État intervienne pour l'établir et, une fois établi, pour le maintenir. Le tenant de l'économie libérale peut donc [...] demander à l'État d'utiliser la force de la loi : il peut même faire appel à la force violente, à la guerre civile, pour instaurer les conditions préalables au marché autorégulateur. »[1]

Autrement dit, le libéralisme économique mis en œuvre dans l'organisation économique réellement existante, le système capitaliste, n'a rien de spontané. Pour Polanyi, libéralisme économique et interventionnisme ne s'opposent pas nécessairement : en utilisant ses pouvoirs régaliens, l'État[2] cherche à instituer le *Marché autorégulateur* non seulement pour détruire les institutions qui s'y opposent, mais aussi pour en établir de nouvelles qui lui offrent un cadre adéquat[3]. En d'autres termes, il s'agit de modeler la société qui lui est nécessaire, c'est-à-dire de créer une *Société de Marché*, à la fois organisée *pour* et *par* le *Marché*.

> « Tandis que l'économie du laissez-faire était produite par l'action délibérée de l'État, les restrictions ultérieures ont débuté spontanément. Le laissez-faire était planifié [...] »

---

1 *Ibid*, p. 190 et 201

2 Au XIXe siècle, Marx et de nombreux socialistes partagent cette analyse voyant dans l'État un instrument au service d'une certaine organisation sociale, favorable aux intérêts particuliers des classes dominantes.

3 Le plus souvent les économistes partisans du libéralisme économique s'en défendent ; seuls les ordolibéraux allemands, malheureusement insuffisamment connus au regard de leur influence pour l'U.E., l'assument clairement.

Ainsi le deuxième principe - *protection sociale* ou *contre-mouvement* -, est une autoprotection générée par la société elle-même devant un risque de destruction.

> « [...] la société aurait été anéantie, n'eussent été les contre-mouvements protecteurs qui amortirent l'action de ce mécanisme autodestructeur. »

Néanmoins, ce principe ne se limite pas à une lutte des classes dans la mesure où des catégories sociales très différentes - classe ouvrière ; propriétaires terriens – sont déstabilisées, voire menacées, par la nouvelle organisation sociale. Les *contre-mouvements* résultent donc aussi d'une *alliance objective* - divers soutiens - afin de préserver une certaine cohésion et stabilité sociales. Selon Polanyi, les intérêts de classe ne peuvent à eux seuls expliquer le processus social à long terme car, d'une part, le processus peut décider de la classe elle-même et, d'autre part, les préoccupations dépassent les seuls intérêts économiques. En d'autres termes, la relation des classes avec la société est déterminante même si la question de la subsistance des ouvriers, laquelle dépend de la seule manufacture, entraîne pour eux des conséquences économiques et sociales dramatiques.

> « [...] un principe tout à fait défavorable au bonheur de l'individu et au bonheur général ravage son environnement social, son entourage, son prestige dans la communauté, son métier, en un mot, ses rapports avec la nature et l'homme dans lesquels son existence économique était jusque-là encastrée »[1]

---

1 *Ibid.*, p. 191, p. 112, p. 176-7

Néanmoins, à mesure que les problèmes deviennent patents, le *contre-mouvement* spontané est relayé par l'intervention protectrice de l'État, d'abord en ce qui concerne la terre et le travail, substances de la société elle-même :

> « [...] le contre-mouvement consista à contrôler l'action du marché en qui concerne les facteurs de production que sont la terre et le travail. »

Ensuite, lorsque les dysfonctionnements[1] mettent le système tout entier en cause, celle-ci va concerner toutes les *marchandises fictives*, y compris la monnaie :

> « [...] ce n'étaient pas seulement les êtres humains et les ressources naturelles, c'était aussi l'organisation de la production capitaliste elle-même qu'il fallait mettre à l'abri des effets dévastateurs d'un marché autorégulateur. »[2]

Finalement, le *double-mouvement* détermine la nature de l'intervention de l'État : d'abord, par la destruction des institutions anciennes et leur remplacement par celles nécessaires au *Marché* autorégulateur[3] ; ensuite, par la

1 La deuxième moitié du XIXe siècle le montre à l'envi : en France, les travaux de Villermé (1840) soulignent la misère ouvrière et, avec la construction progressive d'un droit du travail, l'intervention de l'État change de nature.

2 *Ibid.*, p. 180 et 182.

3 En France, tous les changements institutionnels ont lieu entre 1789 et 1804. La destruction des institutions féodales suivie, à partir de 1793, par l'établissement d'autres institutions (*décret d'Allarde* et *loi le Chapelier* et, enfin *code civil* en 1804) donnent les bases juridiques au nouveau système. Il faut ajouter le rétablissement de

protection de la société et du système économique[1] lui-même du libéralisme économique. Si le *double-mouvement* n'est pas significatif d'un *retournement de l'encastrement,* pour autant, il ne lui est pas indifférent[2]. La *Société de Marché* est déterminée par la dynamique entre la *logique de l'échange marchand* et la *logique de contre-mouvement* dans laquelle se manifeste la dimension profondément humaine des personnes et la volonté d'atténuer les effets les plus dévastateurs du *Marché.* Il s'agit donc d'une contradiction interne, au sens de Marx[3], non d'une mise en cause du *Principe de Marché,* c'est-à-dire de la *coordination marchande.*

Dans l'analyse de Polanyi, le concept de *marchandise fictive* est essentiel pour pleinement saisir le *double-mouvement* et encore davantage le *retournement de l'encastrement* qui précisément annonce des relations sociales désormais prises dans le système économique,

---

l'esclavage qui, en dépit de la déclaration des droits de l'Homme et du citoyen de 1789, chosifie certains êtres humains qui, à l'instar des animaux domestiques, sont considérés comme des éléments du capital productif. À ce titre, après la seconde abolition de l'esclavage (1848) la deuxième république indemnisera des propriétaires. Aujourd'hui, l'emploi de l'expression managériale *capital humain* résonne comme un écho, *a minima* maladroit.

1 Aux États-Unis, ce *double-mouvement* se lit dans la guerre de sécession : d'un côté, les unionistes favorables au protectionnisme pour permettre l'émergence d'une puissance industrielle ; de l'autre, les fédéralistes chantres du libre-échange afin d'écouler leur production agricole, notamment vers l'Europe dont ils espèrent en vain le soutien.

2 À cet égard, l'évolution de sa réflexion sur la nature de la *Grande Transformation* est révélatrice.

3 Dans l'analyse marxienne, les contradictions internes d'un système poussent à des transformations adaptatives.

c'est-à-dire le passage d'une économie *AVEC* des marchés à une *Économie (ou Société) de Marché.*

> « Le passage des marchés isolés à une économie de marché, et celui des marchés régulés au marché autorégulateur, sont en vérité d'importance capitale. »
> « [...] à strictement parler, le libéralisme économique est le principe direct d'une société dans laquelle l'industrie est fondée sur l'institution du marché autorégulateur. »[1]

Une *Société de Marché* qui correspond à l'avènement du libéralisme économique où la marchandise doit tenir une place centrale, même si Jérôme Maucourant[2] en souligne la *fiction organisationnelle* :

> « [Le Marché] est un principe d'organisation de la vie économique *et* sociale selon lequel un ensemble suffisant de marchés, liés entre eux, est à même de régler la reproduction sociale. [...] dits "*autorégulateurs*" alors, qu'en réalité, cette autorégulation figure plus l'idéal social qui légitime ces marchés que la réalité d'une autorégulation qui est souvent chaotique ou catastrophique. Le Marché doit être conçu comme une *fiction organisatrice du social.* »

Si à la fin du XVIIIe siècle, la métaphore de la *main invisible* exprime cet idéal social grâce auquel les intérêts individuels doivent mener à l'intérêt général, l'analyse de Polanyi permet de saisir ce qui est nécessaire pour construire cette *fiction sociale.* Non seulement il s'agit de

---

1 *Ibid*, p. 88 et 201
2 Jérôme Maucourant, 2003

modifier le *cadre juridique*[1] mais encore les *normes* et critères sociaux afin de les rendre compatibles avec cet idéal. Or, un *imaginaire social marchand* implique qu'en tendance le marchand donne la *norme*[2], la référence et le non-marchand se réduise à l'atypique, l'exception vouée à disparaître.

Pour Polanyi, les marchandises sont « des objets produits pour la vente sur le marché »[3] : une définition simple, signifiante, non tautologique[4], mettant l'accent sur l'intentionnalité[5]. Or, comme la *Société de Marché* exige de tout soumettre au *Marché*, il faut réduire à la condition de marchandises, les éléments essentiels de la société - la terre, le travail et la monnaie - par l'artifice des *marchandises fictives*.

> « [...] le travail, la terre et l'argent sont des éléments essentiels à l'industrie ; ils doivent donc eux aussi être

1 En France, les changements législatifs issus de la Révolution Française sont particulièrement significatifs.

2 Sébastien Plociniczak, 2007, p. 219-220, l'exprime clairement : « L'*Homo œconomicus* n'est pas un modèle d'homme naturel grandissant isolé, mais la représentation d'une adaptation absolue du comportement humain aux structures de l'économie de marché idéalisée. » ; « une manifestation des structures institutionnelles de la société de marché » ; «les croyances et les représentations sociales attachées au MA idéalisé tendent à instituer les *rapports sociaux réels* à l'œuvre au sein des sociétés. »

3 Karl Polanyi 1983, p. 107

4 Comme *tout produit susceptible d'être acheté ou vendu* ou encore *ce qui s'échange sur un marché.*

5 Cette idée transparaît dans la définition du commerçant dans le code de commerce : « sont commerçants ceux qui exercent des actes de commerce et en font leur profession habituelle » (C. com. art. L. 121-1). Profession habituelle implique non seulement la répétition mais aussi la volonté d'en tirer ses ressources.

organisés en marchés ; ces marchés forment en fait une partie absolument essentielle du système économique. Mais il est évident que travail, terre et monnaie ne sont pas des marchandises […]. »

« Le travail n'est que l'autre nom de l'activité économique qui accompagne la vie elle-même [...] la terre n'est que l'autre nom de la nature [...] la monnaie réelle est un signe du pouvoir d'achat [...]. Aucun de ces trois éléments - travail, terre, monnaie - n'est produit pour la vente ; lorsqu'on les décrit comme marchandises, c'est entièrement fictif. »[1]

Parce que cette transformation est destructrice de la substance humaine et naturelle, elle ne va pas de soi, le volontarisme étant contrarié par une résistance qui se traduit dans un *double-mouvement.* Pour autant, la construction de cette *fiction* est fondamentale dans sa *dimension normative* qui permet de plier l'ensemble des comportements au *Principe du Marché* en intégrant potentiellement tout au cadre marchand.

« La fiction de la marchandise [...] un principe d'organisation d'importance vitale, qui concerne l'ensemble de la société, et qui affecte presque toutes ses institutions de la façon la plus variée ; ce principe veut que l'on interdise toute disposition ou tout comportement qui pourrait empêcher le fonctionnement effectif du mécanisme du marché selon la fiction de la marchandise »

« […] l'histoire sociale du XIXe siècle fut le résultat d'un double mouvement : l'extension du système du marché en ce qui concerne les marchandises authentiques s'accompagna de sa réduction quant aux marchandises fictives. [...] d'un côté, les marchés se répandirent sur

1 *Ibid.*

> toute la surface de la planète et [...] la quantité des biens en cause augmenta dans des proportions incroyables, de l'autre côté, tout un réseau de mesures et de politiques fit naître des institutions puissantes destinées à enrayer l'action du marché touchant le travail, la terre et la monnaie. »[1]

Le rôle de la *marchandise fictive* (terre, travail, monnaie) est donc d'autant plus important que le processus normatif n'est pas achevé, que la production et la circulation de marchandises ne dominent pas encore. En d'autres termes, lorsque les *marchandises fictives* ont joué leur *rôle normatif*, en ayant suffisamment modelé les comportements, leur limitation (droit du travail, etc.) dans le fonctionnement économique réel ne met plus le système en cause et d'autres considérations peuvent alors retrouver une certaine place, mais subalterne, sans que la nature de l'*encastrement* en soit modifiée[2].

Toutefois, la marchandisation fait apparaître de nouvelles *marchandises fictives* lorsque le marchand s'étend à *ce qui n'est pas produit pour être vendu*, à de nouveaux domaines qui jusque là lui avaient échappé : ainsi, les brevets déposés sur le vivant, et plus généralement ce qui relève de la découverte et non de l'invention[3]. Plus ordinairement, cette logique est à

---

1 Polanyi, 1983, p. 108 et 112

2 Pour éviter les ambiguïtés, l'emploi de l'expression *retournement de l'encastrement* nous paraît préférable aux termes de désencastrement / réencastrement (qui pourraient être utilisés pour décrire le *double-mouvement)* car il ne s'agit pas d'une question de degré mais de nature, ce que le *retournement / renversement* souligne clairement.

3 Geneviève Azam 2007. Rappelons que Rosa Luxemburg avait mis en avant la nécessité d'extension du capitalisme, c'est-à-dire son développement par intégration des marges. Si jusqu'au XXe siècle la

l'œuvre dans la mesure où des *services écosystémiques* sont marchandisés, à commencer par les ressources naturelles diverses, en particulier non renouvelables, dont l'exploitation s'est intensifiée depuis le début de l'industrialisation[1]. Sur un autre plan, les quotas de carbone relèvent aussi de cette fiction.

Or la marchandisation de la société correspond à l'accroissement de l'usage de la monnaie dans la mesure où des activités qui n'étaient pas dans ce cadre y entrent[2]. Surtout, la monnaie est elle-même réduite à une *marchandise fictive* et d'abord pensée comme un *instrument d'échange* de biens économiques, ou considérés comme tels, alors que les monnaies anciennes sont conçues différemment tant dans leurs fonctions que dans leurs usages.

2.3. Monnaies anciennes dédiées

En France, non seulement la connaissance de l'œuvre de Polanyi est tardive mais bien souvent elle ne retient que la *Grande Transformation* pour oublier ses autres travaux parmi lesquels un article relatif aux monnaies anciennes, dédiées à des usages spécifiques[3]. Si le détour par la diversité de ces monnaies peut surprendre, il permet un

---

colonisation en donne une forme territoriale, l'inclusion progressive de nouveaux domaines est une autre modalité, plus contemporaine.

1 Selon Jean-Baptiste Say les « dons gratuits » de la nature, lesquels dans le processus industriel deviennent pourtant des marchandises. Lorsqu'ils ne sont pas renouvelables, les prélèvements sur la nature doivent être pris en compte pour ce qu'ils sont : une diminution irréversible des biens communs.

2 Jusqu'au XVIIIe siècle, toute une partie de la production reste dans la sphère domestique et celle qui circule échappe souvent aux marchés. Fabienne Dourson, 2020.

décentrement indispensable pour mieux saisir la place singulière de la monnaie contemporaine. Or, nous interrogeons la capacité de la monnaie moderne, *équivalent général*, dans un but précis : la préservation de l'écosystème.

> « Du fait de l'usage de la monnaie comme moyen d'échange dans notre organisation marchande de la vie économique, nous avons tendance à considérer la monnaie dans des termes trop étroits. Or, aucun objet n'est monnaie en soi et tout objet dans un domaine approprié peut fonctionner comme de la monnaie. [...] la monnaie est un système de symboles semblable au langage. La différence entre ces systèmes provient principalement du but recherché, des symboles utilisés et du degré de finalité unique et cohérente qu'ils représentent. »[1]

Comme nous l'avons souligné, dans la perspective polanyienne, pour que le *Marché coordinateur* advienne, en tendance, tout doit pouvoir être réduit à la marchandise, ce qui implique de considérer les éléments essentiels qui ne sont pas des marchandises comme des *marchandises fictives* : l'approche classique de la monnaie le montre[2].

---

3 Karl Polanyi, 2008, p. 221-243. « La sémantique de la monnaie », article paru en 1957. Si, dans certains cas, les illustrations évoquées méritent d'être reconsidérées au regard de nouvelles connaissances, la réflexion menée par l'auteur garde son intérêt.

1 *Ibidem*, p. 221.

2 Bien sûr Polanyi n'ignore pas les travaux postérieurs sur la monnaie mais l'approche classique est ici fondamentale car non seulement elle imprègne encore certaines analyses actuelles mais surtout, en la considérant comme une *marchandise fictive*, elle tient dans la mise en œuvre de la *coordination marchande* une place essentielle. Ensuite, rien n'empêche d'infléchir cette conception et de la

« La monnaie est définie comme une marchandise utilisée principalement dans l'échange. »
« Les différents usages de la monnaie apparaissent comme logiquement interdépendants dans ce système. On présuppose le caractère de marchandise de la monnaie, c'est-à-dire le fait d'être un objet ayant une utilité en soi. (1) La fonction de « moyen d'échange » est identifiée comme l'usage originel. (2) Celle de « moyen de paiement » vient ensuite [...] (3) Puis vient celle « d'étalon de valeur », qui comprend à la fois (1) et (2). Et (4) celle de « moyen d'accumuler de la richesse et du trésor » suppose les trois autres. Les concepts de marchandises et d'échange sont les pierres angulaires de ce système. »[1]

La singularité et la logique de cette perspective apparaissent dans la comparaison avec les monnaies anciennes congruentes à leur société. Certains aspects nous intéressent particulièrement dans la mesure où ils permettent d'aborder les questions de l'*équivalence*, du *commensurable* et de la *valeur*.

Dans les sociétés anciennes, une première différence importante relative à la *primauté des usages*, tant hiérarchique que chronologique, mérite d'être soulignée :

« [...] dans les sociétés primitives, l'échange n'est pas l'usage essentiel de la monnaie. Si on doit considérer un usage plus "fondamental" qu'un autre, il s'agit plutôt de l'usage comme paiement ou comme étalon. Ces pratiques

---

reconsidérer différemment dans un *contre-mouvement*.

1 *Ibid.*, p. 237.

> sont répandues même là où l'usage de la monnaie comme moyen d'échange n'est pas pratiqué »[1]

Il en résulte une grande différence en matière d'*unification des usages* :

> « Selon cette même logique, alors que dans une société moderne l'unification d'une monnaie se fait sur la base de sa fonction d'échange, on constate dans les sociétés anciennes que les différents usages de la monnaie sont institués de façon séparée les uns des autres. [...] il se trouve que l'usage comme moyen de paiement, comme étalon ou comme moyen d'accumulation de richesse est plus important que l'usage à des fins d'échange. »

En d'autres termes, dans la société moderne la hiérarchie des fonctions – échange > paiement > valeur > accumulation – conduit à une unification à partir de l'échange. Dans les sociétés anciennes, la hiérarchie fonctionnelle – paiement > valeur > accumulation > échange – n'y mène pas.

> « La société archaïque ne connaissait pas la "monnaie tous usages". Pour les différents usages de la monnaie, on pouvait employer des objets monétaires différents. [...] Alors que, dans la société moderne, la monnaie utilisée comme moyen d'échange est capable de remplir également toutes les fonctions, la situation est globalement inversée dans les sociétés anciennes. »[2]

Ainsi, les *quatre fonctions de la monnaie* - moyen d'échange, moyen de paiement, étalon de valeur, moyen

1 *Ibid.*, p. 224 pour les deux citations

2 *Ibid.*, p. 223.

d'accumuler de la richesse - peuvent se traduire par des objets monétaires différents[1]. Par ailleurs, ceux-ci peuvent aussi varier avec la nature de l'échange[2].

> « [la monnaie] se rapporte à des objets quantifiables (matériels) utilisés à des fins précises, qui sont elles-mêmes définies à l'aide de situations sociologiques et d'opérations réalisées dans leur cadre. »
> « [...] les objets employés dans un quelconque usage monétaire peuvent également l'être comme outils, notamment pour des finalités arithmétiques, statistiques, fiscales ou administratives, ainsi qu'à d'autres fins relatives à la vie économique. »[3]

Surtout, ce regard rétrospectif montre que le paiement déborde non seulement l'échange mais aussi l'économique. Alors que dans la société moderne le paiement est étroitement lié à l'échange au point de s'y dissoudre, dans les sociétés anciennes, il s'explique

---

1 Il suffit de remonter à la France de l'Ancien Régime, pour constater que la monnaie, moyen de paiement n'est pas la monnaie, étalon de valeur (Marc Bloch, 1954). Du reste, dans le système monétaire européen, cette dissociation existait aussi entre les monnaies nationales et l'E.C.U.

2 À certaines époques, selon la nature des échanges, les paiements s'effectuaient en épices, en pièces d'or, d'argent ou de cuivre. Au XXe siècle encore, dans des circonstances très variées, certains pays ont eu recours à des objets différents selon la nature de l'échange : à titre d'exemple, en Chine longtemps le yuan renminbi (monnaie du peuple), contrairement au yuan F.E.C., ne permettait pas le paiement de certains biens. Aujourd'hui, dans certains pays, en raison de la défiance envers la monnaie nationale, ce même constat peut encore être fait : certains biens ne s'achètent qu'en dollars.

3 *Ibid.*, p. 235.

essentiellement par des *obligations et dettes non économiques* et précède donc l'échange.

> « Le lien entre le paiement et la monnaie et entre les obligations et les transactions économiques paraît aller de soi pour l'esprit moderne. Pourtant, la quantification qui est associée au paiement opérait déjà à un moment où les obligations dont on s'acquittait n'avaient que peu de rapport avec les transactions économiques. [...] la proximité du paiement et de la punition, d'une part, de l'obligation et de la culpabilité, d'autre part. »
> « Le fait que les sociétés anciennes sont fondées sur le statut implique que les droits et les obligations sont majoritairement issus de la naissance, que le lien de parenté soit réel ou fictif. [...] Les gens naissent avec des dettes et des obligations à honorer. »
> « Tous ces facteurs participent de la capacité de la société primitive à produire *de l'endettement de nature non économique*. L'obligation est fondée sur le statut, le sang, les rivalités, le prestige, la parenté, les fiançailles et le mariage, et implique le fait de solder ou d'abolir la dette [...]. La dette est contractée non pas comme résultat d'une transaction économique mais comme conséquence d'événements tels que le mariage, le meurtre, le fait d'atteindre la majorité [...] »[1]

Cette perspective nous invite à nous départir d'une approche étroitement économique où, à l'inverse, les obligations et dettes sont essentiellement pensées par le prisme de l'échange et les relations envisagées dans le cadre de la *coordination marchande*. Lorsqu'il s'agit de préserver l'écosystème, cet *aspect normatif* montre toute sa force puisque les *solutions* imaginées ou mises en

1 *Ibid.*, p. 225-6 et 239.

œuvre relèvent de cette logique sans parvenir à l'efficacité attendue[1]. En d'autres termes, ce retour sur le passé rappelle que les *obligations* et les *dettes* relèvent d'une *construction sociale*, qu'elles peuvent avoir des origines et des légitimations diverses, y compris économiques, et qu'elles dépendent de ce qu'une société donnée considère comme essentiel. Aujourd'hui, non seulement la nécessité de préserver l'écosystème s'impose comme une évidence mais il s'agit aussi de sortir des incantations pour organiser au plus vite une société avec des *normes* écocompatibles. Autrement dit, ces considérations rétrospectives, en mettant en évidence l'adaptation des modalités de paiement à la dimension qualitative des obligations, nous incitent aussi à imaginer des modes d'actions variés, y compris économiques.

> « Les obligations sont généralement spécifiques et les honorer une question qualitative, ne présentant pas la caractéristique essentielle du paiement, c'est-à-dire l'aspect quantitatif »
> « La caractéristique spécifique de la monnaie comme moyen de paiement est la quantification. »
> « La monnaie comme moyen de paiement est liée à l'économie quand les unités cédées par la personne contrainte par l'obligation se trouvent être des objets tangibles […]. »[2]

Les obligations et les dettes peuvent donc donner lieu à des paiements non économiques ou économiques, c'est-à-

1 À mesure que le temps passe et que l'inefficacité de ces mesures devient évidente, l'objectif réel de telles actions devient douteux et semble plutôt relever du *greenwashing*.

2 *Ibid.*, p. 226.

dire qualitatif ou quantitatif. *A priori*, en transposant dans la société moderne, en particulier à tout ce qui concerne l'écosystème[1], la première manière renvoie au respect de *normes*, de *limites*, du *faire* ou de *ne pas faire*[2] ; la seconde, dans sa forme monétaire, à l'indemnisation et à la compensation. En matière de biosphère, l'évolution catastrophique constatée montre qu'il faut privilégier la première, sans négliger la seconde, efficace en applications limitées.

Finalement, ce petit détour par les monnaies anciennes ouvre la perspective sur les possibilités d'action en matière d'écosystème. D'abord, en rappelant trois particularités de la conception monétaire moderne : le rôle fondamental et nouveau tenu par l'*échange* ; l'*unification* des fonctions et des usages ; les *équivalences*. Ensuite, en montrant la place croissante prise par la *quantification*, avec des objets monétaires variés, pour répondre à des obligations et dettes, précédemment souvent honorées qualitativement[3]. Ce *décentrement* encourage donc à penser des *outils spécifiques* adaptés à l'enjeu de notre société en se déprenant d'un *équivalent général* qui conduit à mettre en balance, par équivalence ou échange, l'*incommensurable* ; sans pour autant négliger, lorsqu'elle peut être utile, une forme ou une autre de quantification.

---

1 Dans le domaine social, cette distinction est aussi opérante. Du reste, les deux domaines sont étroitement liés.

2 En dépit des apparences, dans notre propos ultérieur, la prise en compte d'unités physiques relève du qualitatif dans la mesure où chacune est quantifiée séparément pour appréhender sa spécificité, c'est-à-dire des qualités particulières. *Infra*, chap. 2, § 2.3. p. 118.

3 À cet égard, les indulgences sont particulièrement significatives puisqu'à la fin du XVe siècle la papauté officialise la possibilité du paiement monétaire pour les obtenir.

Du reste, les monnaies locales[1] ou quasi-monnaies[2] mises en œuvre ici ou là avec des objectifs précis visent, dans une certaine mesure au moins, à mettre en cause cet *équivalent général*. Or, il faut précisément opérer un cloisonnement pour établir des *hiérarchies* de valeurs et redonner sa place à l'*incommensurable* en sortant des fausses équivalences et des échanges inadéquats et nocifs.

En d'autres termes, s'il s'agit d'œuvrer à des *unités de compte spécifiques ad hoc*, au niveau des entrées et des sorties du processus productif. Encore faut-il interroger l'usage des nombres.

3. De l'usage des nombres

Paradoxalement, dans notre société caractérisée par la démesure, mesurer relève de l'obsession. Avec l'industrialisation le chiffre a progressivement pris une importance nouvelle, notamment pour saisir la performance et établir des comparaisons. Cette tendance n'a fait que s'amplifier avec le développement d'instruments permettant la saisie et le traitement des données, y compris en sciences humaines[3], par extension à

1 En privilégiant les échanges locaux, elles accordent un statut particulier aux activités de proximité en leur attribuant des caractéristiques spécifiques qui établissent une hiérarchie qualitative : le local est perçu à la fois comme différent et préférable. D'une certaine manière, cette séparation entre le local, le national et l'international existait à l'époque mercantile par la diversité des organisations et des objets monétaires antérieurement utilisés.

2 À titre d'exemple, les *Écobonds* envisagés par Bernard Lietaer, 2011.

3 Aussi dans d'autres sciences et le domaine technique en général mais ces utilisations ne concernent pas directement notre propos.

partir du champ économique à divers objets d'étude et aux pratiques de la société entière : comptabilités privées et publiques, statistiques, économétrie, ancien Gosplan soviétique, L.O.L.F. française, classement systématique, analyse comparative[1], systématisation de la notation, etc. À la suite d'Alain Derosières, de nombreux auteurs[2] ont montré que les indicateurs dépendent de *conventions* qui elles-mêmes renvoient à une *perspective* sur le monde. Or, l'importance du chiffre dans l'information est une tendance évidente de la société contemporaine, parfois de façon caricaturale, sans que la production de ces données soit sérieusement interrogée. Celles-ci sont présentées implicitement comme neutres, explicitement comme probantes et justifiant des choix[3].

> « La quantification, signe d'objectivité, de rigueur et d'impartialité, est mobilisée dans des situations fort variées. »[4]

3.1. Quantification

> « Quantifier, c'est convenir puis mesurer. »[4]

---

1 *Ranking* et *benchmarking* dans le jargon angliciste en vogue.

2 Alain Supiot, 2015, Alain Bardet, 2015, Vincent Devictor, 2015...

3 À cet usage, *a priori* de *bonne foi*, il faudrait ajouter celui qui précisément ne l'est pas, c'est-à-dire les manipulations : hypothèses sous-jacentes volontairement occultées ; présentations partielles ou biaisées ; données sciemment exclues d'études, traitements manipulatoires … insuffisamment mises en lumière et vite oubliées.

4 Derosières, 2008, chap. 1. *La statistique, outil de gouvernement et outil de preuve.* p. 7-20, premier sous-titre (7)

Pour Derosières, la quantification suppose d'abord de s'accorder sur ce qui est considéré comme *équivalent*, c'est-à-dire de décider ce qui est *commensurable* ou pas.

> « […] la quantification, entendue comme l'ensemble formé des conventions socialement admises et des opérations de mesure, crée une nouvelle façon de penser, de représenter, d'exprimer le monde et d'agir sur lui. »[1]

Précisément, avant de mesurer, il faut établir des conventions d'équivalence.

> « Le verbe quantifier, dans sa forme active (faire du nombre), suppose que soit élaborée et explicitée une série de conventions d'équivalences préalables, impliquant des comparaisons, des négociations, des compromis, des traductions, des inscriptions, des codages, des procédures codifiées et réplicables, et des calculs conduisant à la mise en nombre. La mesure [...] vient ensuite, comme mise en œuvre réglée de ces conventions. De ce point de vue, la quantification se décompose en deux moments : convenir et mesurer. »[2]

Or, alors même que la quantification, avec toutes ses implications, s'étend désormais à l'ensemble de la société, le processus amont de conventions est le plus souvent minimisé, limité à un avertissement ou relégué en annexe, y compris dans des publications académiques, ce qui conduit, plus ou moins consciemment ou volontairement, à en occulter l'importance. Le plus souvent, seul le résultat est réellement mis en lumière et finalement retenu alors

---

1 *Ibidem*, (9)
2 *Ibid.*, (7)

que les prémisses oubliées ne sont plus discutées. Cette tendance fâcheuse atteint des sommets lorsque les chiffres sont médiatisés : au mieux la méthodologie est vaguement énoncée de manière absconse, au pire elle n'est même pas évoquée car considérée comme non pertinente. Pourtant, éclairer le processus amont rendrait précisément l'information intéressante dans la mesure où elle en donnerait la perspective[1].

3.2. Conventions d'équivalence

> « Postuler et construire un espace d'équivalence permettant la quantification, et donc la mesure, est un acte tout à la fois politique et technique. Il est politique en ce qu'il change le monde : comparer les roturiers et les nobles préfigure la nuit du 4 août, comparer les noirs et les blancs appelle l'abolition de l'esclavage [...]. »[2]

Si l'aspect technique semble assez évident dans les cas où la méthodologie est évoquée, la dimension politique est le plus souvent ignorée et, derrière elle, la formation d'une vision sur le monde, elle-même potentiellement porteuse de transformations : les illustrations de Derosières le montrent à l'envi. Encore faut-il que ce chiffre parvienne à s'imposer.

> « Les indicateurs statistiques contribuent à faire du langage commun, pour autant que les acteurs sociaux se les approprient. [...] les agrégats de la comptabilité nationale, tels que le produit intérieur brut (PIB) [...] se

1 De manière générale, pour l'exercice de la démocratie, la manière de concevoir l'information est essentielle.

2 *Ibid.*, (12)

sont peu à peu imposés, depuis les années 1950, comme le langage adéquat pour "mesurer le bien-être", au point d'être aujourd'hui critiqués pour ne plus rendre ce service de façon satisfaisante, alors qu'ils n'avaient pas été conçus pour cela [...]. Ces controverses ouvrent un nouveau domaine de quantification, où des conventions seront débattues et négociées, avant d'être éventuellement traduites en procédures de mesures. »[1]

Compte tenu de sa place à la fois systémique et médiatique, le P.I.B. est particulièrement intéressant pour notre propos. D'un côté, il s'agit d'un indicateur macroéconomique de comptabilité nationale, apparu dans un contexte précis, les années trente du XXe siècle[2], qui permet lui-même, par sa variation d'une année sur l'autre, de mesurer la croissance. De l'autre, dans les médias, le P.I.B., et surtout la croissance, sont journellement évoqués sans que la juxtaposition de cette antienne et des constats, de plus en plus fréquents, des destructions de l'écosystème, ne soit interrogée. Si en aucun cas le P.I.B. n'est un indicateur de bien-être[3] et n'a pas été conçu comme tel[4], il est un outil significatif du système économique qui, sous une forme monétaire, cherche à synthétiser une certaine activité économique dont, du reste, les contours ne sont pas immuables. Par ailleurs, la conception du *P.I.B. vert*, tout en soulignant ses

1 *Ibid.*, (16)

2 Cassiers, 1998.

3 *Bien-avoir* ou encore davantage *beaucoup-avoir* seraient déjà plus approchants même s'il ne s'agit là que de flux (ce qui est produit dans la période) et non de stocks (ce qui est accumulé).

4 Non seulement ses concepteurs ne lui attribuaient pas un tel rôle mais ils avaient conscience de ses limites en tant qu'outil macroéconomique.

insuffisances, s'y adosse avec l'objectif de prise en compte négative des méfaits de la production sur l'environnement, mais par construction, toujours exprimés monétairement. Toutefois cette critique, parmi d'autres[1], ne met finalement pas en évidence l'essentiel. D'un côté, cet indicateur conçu lors de la grande dépression pour le pilotage macroéconomique n'a jamais prétendu indiquer le *bien-être* tout en étant implicitement présenté comme tel dans les médias avec pour résultat de lui donner progressivement le rôle de boussole indiscutée ; de l'autre, ni les critiques formulées à son égard, ni les indicateurs alternatifs n'ont réussi à mettre en cause son hégémonie dans l'information.

> « Les objets quantifiés naissent dans des moments de crise, dans des interactions et des luttes sociales, puis ils vivent leurs vies, circulent, rebondissent, changent de sens et prennent leur indépendance. Le gouvernement par les nombres [...] justifie de les étudier non pas seulement en tant que "reflets de la réalité", mais comme des agents de la transformation de celle-ci. »[2]

Force est de constater que le P.I.B. a non seulement changé de sens mais qu'il imprègne toujours les esprits et, de ce fait, continue d'être un appui pour la transformation de la réalité. Néanmoins, les dysfonctionnements graves auxquels nos sociétés sont aujourd'hui confrontées sont

---

1 En France, sous la présidence de Nicolas Sarkozy, le *rapport Stiglitz* (précisément, Stiglitz-Sen-Fitoussi) de 2009 l'illustre d'autant mieux qu'il est précédé en 2008 du *rapport Attali* issu de la commission « Pour la libéralisation de la croissance ». Rapport qui va déboucher sur des recommandations qui se sont depuis concrétisées avec toujours l'antienne du P.I.B. et de la croissance.

2 *Ibid.*, (16)

propices à l'émergence d'autres objets quantifiés[1] qui sans avoir jusqu'ici détrônés le P.I.B. et son corollaire, la croissance, tracent leur chemin, au point de conduire à une juxtaposition étrange dans les médias. Tout se passe comme si l'activité économique pouvait être découplée de ses implications. Du reste, les expressions *croissante verte*, *développement durable* ou l'idée selon laquelle la dématérialisation[2] de l'économie permettrait de conserver la croissance, ou encore, dans une autre formulation, que le problème n'est pas la croissance mais son contenu, illustrent cette illusion.

Ainsi l'indicateur macroéconomique du P.I.B., devenu si commun, montre que les choix relatifs à la vie matérielle des êtres humains, qui touchent pourtant à des considérations d'ordres différents, continuent d'être synthétisés dans un *équivalent général*, la monnaie, et en dernière analyse, sont réduits à un prix. En conséquence, non seulement la question de ce qui fonde la valeur en économie[3] se pose, mais encore celle de la *hiérarchie des*

---

1 Empreinte écologique (*Infra*, Annexe 3, p. 202), jour du dépassement de l'empreinte, etc. Il va de soi que ces indicateurs, comme tous les indicateurs, sont des constructions, elles-mêmes critiquables, Jean Gadrey et Florence Jany-Catrice, 2016.

2 Non seulement la *dématérialisation* de l'économie, c'est-à-dire le développement de l'activité intangible, en particulier celle liée au numérique, n'implique pas la fin de l'extension de la dimension matérielle mais, à bien des égards, elle tend à l'accentuer par les infrastructures nécessaires, la consommation accrue de matières premières et d'énergie qu'elle implique : antennes, *data centers*, diversification et augmentation des matériels de connexion, multiplication et obsolescence accélérées des ordinateurs et téléphones, etc. Autrement dit, l'immatériel s'adosse et nécessite du matériel qui s'ajoute plus qu'il ne se substitue aux autres productions et consommations.

3 André Orléan, 2011, Frédéric Lordon, 2013.

valeurs qui émanent d'ordres différents, précisément *incommensurables*.

3.3. Perspective

Si l'utilisation du nombre est avérée dans les sociétés les plus anciennes[1], si à l'époque moderne il prend de l'importance[2], le XIXe siècle lui donne une place nouvelle : à la fois une utilisation croissante, plus sophistiquée et surtout plus étendue. Non seulement le système économique qui s'installe nécessite structurellement plus d'informations, tant dans le processus productif industriel que dans le recours à la *coordination marchande*, mais les connaissances et les moyens techniques[3] donnent des possibilités nouvelles d'utilisation des nombres. Par nature, l'État en est un producteur important même s'il n'est pas le seul, loin s'en faut[4]. Ainsi, Derosières

---

1 Son rôle est clairement documenté, notamment pour connaître les ressources et organiser leur distribution. Cette utilisation nécessitant l'usage d'un symbole pour indiquer ce qui est dénombré, elle semble même à l'origine des écritures de type hiéroglyphique.

2 À côté du développement des comptabilités privées, les monarques cherchent davantage à rassembler les données sur leurs territoires. Dans la France de l'Ancien Régime, ce mouvement est particulièrement visible : le rôle des intendants associé à des informations chiffrées, les préoccupations fiscales de la monarchie, les propositions d'impôt de Vauban, etc. le montrent à l'envi.

3 D'un côté l'accroissement des connaissances mathématiques, l'émergence des statistiques et de la modélisation ; de l'autre, des calculateurs et des moyens de communication plus performants.

4 Non seulement, les comptabilités privées se développent avec l'industrialisation mais celle-ci va conduire à la concentration de main-d'œuvre et au développement d'outils de mesure de performance, particulièrement mis en lumière à la fin du siècle avec l'O.S.T. telle que l'envisage Taylor.

historicise l'action publique dans sa dimension chiffrée : « l'État, le marché et les statistiques[1] ». Il retient la typologie suivante : l'*État ingénieur*, la production et les hommes ; l'*État libéral*, le commerce et les prix ; l'*État-providence*, le travail salarié et sa protection ; l'*État keynésien*, la demande globale et ses composantes ; l'*État néo-libéral* : polycentrisme et incitations.

Au XIXe siècle, l'État de premier type continue son développement[2], complété par le second type. Ce renforcement montre à l'envi que la mise en avant de la *coordination marchande* s'adosse, comme Polanyi le souligne[3], à une forme d'intervention de l'État tant dans le domaine de la production que dans la mise en œuvre de celle-ci[4].

> « Dans sa formulation la plus pure et abstraite, la théorie du marché n'implique pas nécessairement une information statistique. Les prix, révélés par le jeu des échanges marchands et de la concurrence entre les producteurs, portent en eux toute l'information

---

1 Derosières, 2008, chap. 3. Historiciser l'action publique : l'État, le marché et les statistiques. p. 39-56 et version remaniée, *Infra*, Annexe 5, p. 207. Si Derosières s'appuie sur le cas français, avec des variantes liées aux singularités de chaque pays industrialisé, cette typologie semble rester pertinente.

2 En France, en particulier, l'État-ingénieur est déjà très présent à la fin de l'Ancien Régime, notamment à partir de Louis XIV et de son ministre Colbert. Non seulement les manufactures royales le montrent mais, à partir de 1794, l'école qui deviendra polytechnique fournit notamment les ingénieurs des grands corps.

3 *Supra*, § 2.2, p. 38.

4 Cette intervention de l'État se manifeste de diverses manières notamment dans des changements institutionnels, dans la création d'infrastructures, ou ses différents soutiens mais aussi dans les interventions militaires dans le cadre colonial.

> indispensable au déploiement des vertus supposées de cette forme d'organisation économique [...]. »[1]

Alors que, dans le modèle de l'équilibre général de référence, au moins implicite, il existe un commissaire priseur et que les prix sont donnés *a priori*, ces postulats semblent ignorés : aucune instance centrale, étatique ou non, ne paraît nécessaire, notamment pour produire une information statistique ce qui relève du paradoxe[2].

> « [...] l'existence de services statistiques permanents a longtemps été contestée [...] Pourtant, nombreuses ont été les institutions et les opérations statistiques directement justifiées par les besoins d'une économie marchande. »

Les deux types suivants apparaissent plus tardivement et prennent réellement leur essor dans la première moitié du XXe siècle. Surtout l'émergence de la comptabilité nationale et de la macroéconomie dans les années trente vont considérablement accroître la place du chiffre en économie où l'économétrie se déploie à partir de 1930 pour devenir progressivement dominante.

Dès lors l'importance du nombre se renforce dans l'action économique de l'État en devenant outil de preuve, de justification, d'incitation, de normalisation, de transformation[3]. Il va de soi qu'il n'est pas indifférent de

1 *Ibidem*, (11), les deux citations.

2 D'une certaine manière, la diffusion par l'État des statistiques prix, notamment pour le blé, renvoie à la conception du modèle de l'équilibre général de Walras et à ses postulats : centre, prix donnés.

3 Bien entendu, cette évolution ne concerne pas la seule action de l'État, qui ici nous intéresse en premier chef, mais toute instance impliquée dans une forme ou une autre de gouvernement ou

connaître la *perspective* qui se trouve derrière chaque type d'État, en particulier, le dernier : même si celui-ci n'efface pas complètement les autres, il donne le cadre actuel à partir duquel il faut penser la protection de l'écosystème.

> « L'État néo-libéral est pensé au contraire comme un ensemble de pôles administratifs ou territoriaux différents, dont les relations sont négociées, contractuelles, réglées par le droit. [...] les unions d'États souverains comme l'Union européenne offrent des exemples variés de telles modalités. Celles-ci sont fondées sur les notions de subsidiarité, d'action procédurale, de négociation et de réseau »[1]

Soulignons qu'il ne s'agit pas d'un recul de l'État mais d'un changement non seulement de sa conception, toujours davantage pensée à partir de la logique du privé, mais aussi de son action, de ses objectifs même lorsque ces transformations ne sont pas clairement assumées[2] :

> « L'action publique intervient plus par des incitations que par des règlements. Ces incitations, par exemple fiscales sont pensées dans les termes de la théorie

---

d'influence : firmes, groupes d'influence (*lobbys*), boîtes à idées (*think tanks*), associations, etc. Du reste, même les domaines de recherche, *a priori* les plus éloignés du nombre comme la linguistique, utilisent toujours plus les outils de quantification.

1 *Ibid.*, (26).

2 Au plan théorique, seuls les ordolibéraux assument clairement cette conception de l'État. Souvent le rôle joué par l'État néo-libéral est dénié. En outre la stabilité du niveau des prélèvements obligatoires est souvent convoquée pour affirmer que le rôle de l'État n'a pas changé. Pourtant le niveau des prélèvements ne dit ni la répartition contributive, ni la nature de l'action, ni les objectifs ; en d'autres termes, il ne renseigne en rien sur son rôle.

microéconomique : comportement de l'agent individuel rationnel, préférence, utilité, optimisation, externalités. Un exemple typique […] est la création d'un marché des droits de polluer, supposé plus efficace que des règlements fixant des seuils de pollution à ne pas dépasser. L'évaluation de telles procédures incitatives peut être faite par des études sur données individuelles […] visant à mesurer et modéliser les comportements des acteurs, y compris ceux qui participent à la puissance publique. Ce dernier point constitue une des principales différences entre cet État néo-libéral et les précédents. Il résulte notamment de la diffusion des idées issues de la théorie des anticipations rationnelles. [...] Dans cette perspective, aucun acteur, notamment l'État, n'est extérieur au jeu. L'État se démultiplie en plusieurs "centres de direction". […] des acteurs parmi d'autres, relevant des mêmes formes de modélisations, économiques ou sociologiques, que n'importe quel autre acteur microéconomique. »[1]

En d'autres termes, si une certaine action des pouvoirs publics n'est pas contestée, et même demandée, elle n'est plus distinguée de celle d'un quelconque agent économique et donc plus conçue comme la traduction, plus ou moins fidèle, d'un réel choix démocratique, porteur d'un intérêt commun. Finalement, force est de constater qu'une telle perspective théorise explicitement l'assujettissement du politique à l'économique, une caractéristique systémique, présente dès l'origine et que Polanyi avait décrite comme un retournement de l'*encastrement*[2]. Cette théorisation est signifiante car non seulement elle met à nu la *logique inhérente au système*

1 *Ibid.*, (27)
2 *Supra*, § 2.1, p. 34.

capitaliste, une tendance à l'œuvre dès le départ, bien que toujours freinée par le *contre-mouvement*, mais surtout, elle la légitime avec des *postulats* de l'économie dominante, désormais utilisés, et souvent admis sans discussion, dans les autres sciences humaines[1]. Dans ces conditions, la sujétion des pouvoirs publics à la puissance des *lobbys* comme leur soumission aux décisions d'*instances internationales arbitrales de droit privé* tendent à devenir normales, dans tous les sens du terme, même si cette norme sociale ne coïncide pas forcément avec une légitimation citoyenne. Néanmoins, force est de constater que la médiatisation de ces perspectives économiques a eu un *caractère performatif*, une *capacité de transformation* du système en imposant cette *norme nouvelle* par adhésion ou par découragement[2].

Dans cette perspective, où l'*homo œconomicus* est central, logiquement non seulement le calcul tient une place déterminante mais des indicateurs *ad hoc* sont mobilisés. Si cette tendance n'est pas nouvelle, elle s'est

---

1 Non seulement l'économiste Gary Becker, prix de la banque de Suède, issu de l'école de Chicago connue pour sa diffusion du néolibéralisme, prétend expliquer tous les choix ou comportements sociaux par le calcul d'un *homo œconomicus* omniscient, mais le vocabulaire marchand et la perspective économique dominante ont insidieusement envahi les autres sciences sociales. L'utilisation par les politistes du terme marché en donne une illustration.

2 Le niveau des taux d'abstention montre à l'envi le sentiment d'impuissance de nombreux citoyens, persuadés que leur vote n'infléchira pas significativement leur réalité par intériorisation de T.I.N.A., *There Is No Alternative*, selon la formule lapidaire de Margaret Thatcher dont les démocrates sincères ne semblent pas avoir pris la mesure. Pourtant, dès 1975, Samuel Huntington suggère de neutraliser par l'apathie la démocratie jugée encombrante.

accentuée avec des *nouveaux indicateurs porteurs de cette vision sociale.*

> « Le passage en équivalent-monnaie est un cas (certes historiquement important) parmi d'autres constructions d'espaces d'équivalence qui ont marqué l'histoire de l'humanité. Les nombreux indicateurs de performance promus par le «nouveau management public » en fournissent maints autres exemples. [...] notamment pour les indicateurs de la Loi organique relative aux lois de finances (L.O.L.F.), qui créent ainsi *ex nihilo* nombre de nouveaux espaces d'équivalence et de comparaison. »[1]
> « Plus généralement, la mise en équivalence des performances de pays, ou d'institutions, à travers un jeu d'indicateurs (procédure dite de benchmarking), est devenue un outil systématique de « gouvernement par les nombres ». »[2]

Derosières souligne ici comment de nouveaux indicateurs ont, depuis quarante ans, progressivement contribué à transformer le réel pour le plier à cette perspective ultime[3] du capitalisme en construisant des

1 *Ibid.*, (13)

2 *Ibid.*, (15)

3 Ultime, car il s'agit d'un aboutissement logique du système au sens où la domination économique, aujourd'hui flagrante, est présente dès l'origine (*retournement de l'encastrement*) mais n'est parvenue à s'affirmer comme telle que dans des circonstances historiques favorables. L'idéologie néolibérale a réussi un double tour de force : non seulement à ne pas se présenter comme telle (mobilisation de la prétendue nature humaine et du pragmatisme) mais aussi à délégitimer toutes les autres idéologies au point de rendre les alternatives difficilement pensables et, dans tous les cas, de donner à penser que les autres propositions d'organisation sociale sont irréalistes.

espaces d'équivalence. Aussi, de la même manière, la création d'indicateurs visant à préserver un écosystème vivable pour les humains peut contribuer non seulement à donner de véritables outils aux citoyens mais aussi à modifier la perspective sur le réel, et le réel lui-même.

Si les considérations écosystémiques sont déterminantes, un *renversement de l'encastrement* s'impose afin de *contenir l'économique dans la société*. Une société qui aura pleinement intégré la sobriété adaptée aux limites de la planète[1], c'est-à-dire la nécessaire transformation des modes de vie et de production, modifiera les hiérarchies en soumettant les décisions économiques aux choix démocratiques des citoyens. Or, dans cette transformation, des indicateurs *ad hoc* peuvent apporter une contribution essentielle, voire décisive : en plus de l'*aspect informatif*, ils portent une *dimension performative*. Dans un monde dominé par le chiffre, leur existence même modifie les comportements et finalement les manières de voir.

En conséquence, construire une société compatible avec un écosystème vivable pour l'humain et où la délibération des citoyens tient toute sa place[2] suppose d'utiliser, dans un *retournement*, « le gouvernement par les nombres » à cette fin en refusant les fausses équivalences intégrées par des chiffres trompeurs[3], ou à l'initiative des

1 Si finalement, en dépit des assurances données, les propositions de la convention citoyenne n'ont pas été retenues, sauf en étant quasi vidées de leur contenu, celle-ci aura au moins montré que des citoyens, correctement informés et malgré la limitation du cadre et de la palette des intervenants, proposent des mesures ambitieuses en ce sens.

2 À cet égard, les pratiques des villes en transition ou les usages de certaines monnaies locales méritent attention.

3 Les pseudo compensations pour destruction de la biodiversité non seulement donnent à croire que toute destruction peut être

entités dont précisément les pratiques doivent être contrôlées, et en concevant des indicateurs *ad hoc* non monétaires. En d'autres termes, *retourner l'obsession du chiffre* pour donner les moyens d'un *renversement porteur de sens et d'avenir*. À partir de l'idée des monnaies anciennes dédiées à des usages spécifiques, il s'agit donc d'envisager des *unités de compte spécifiques* afin de proposer une intégration séparée de ce qui est *incommensurable*, c'est-à-dire de déconstruire les équivalences non seulement fallacieuses mais aussi dorénavant mortifères pour l'écosystème.

---

contrebalancée mais reviennent finalement à prétendre remplacer par des plantations, souvent de type industriel, des écosystèmes naturels ou patiemment créés par l'homme (terrasses, bocages, systèmes ingénieux d'irrigation économes en eau, etc.) ou encore simplement à affecter un prix à cette destruction.

CHAPITRE II

MODALITÉS OPÉRATIONNELLES

Dans la perspective d'un changement radical de trajectoire, deux aspects sont essentiels : les modes de production et vie, lesquels renvoient dans une société aux véritables questions économiques[1] qui trop souvent disparaissent sous des considérations qui s'en éloignent beaucoup[2], au point de parfois mener à des décisions et des comportements globalement absurdes. Comme de très nombreux travaux[3] l'ont montré, en dépit des préférences individuelles, le mode de vie est socialement conditionné, c'est-à-dire que l'*imaginaire*[4] et finalement la *norme sociale*, jouent un rôle déterminant[5]. J.K. Galbraith souligne particulièrement un présupposé fallacieux couramment admis quant au rôle du consommateur dans la demande :

---

1 *Supra*, chap. 1, § 2.1, p.34 .

2 Du reste cela ne signifie pas *ipso facto* qu'individuellement ils sont dépourvus de sens.

3 Max Weber, Thorstein Veblen, Jean Baudrillard, Pierre Bourdieu.

4 Serge Latouche, 2011

5 Les individus « quitte de tout » selon l'expression de Walras, n'existent que dans l'imagination d'économistes et dans les modèles théoriques. Depuis longtemps, et particulièrement depuis Edward Bernays, le monde de la publicité a compris qu'il n'en est rien. Du reste, aujourd'hui le *nudge* prétend lui aussi influencer les comportements.

> « Dans pratiquement tous les manuels et traités d'enseignement économique, l'initiative est censée appartenir au consommateur. Pour répondre à ses besoins innés ou à ceux qui lui sont inspirés par son environnement, il achète biens et services sur le marché. »
> « [Il] existe toujours, dans l'économie de marché, une présomption du règne du consommateur. »
> « Le sens unique dans lequel cheminent les ordres du consommateur au marché, puis du marché au producteur peut se définir : la filière normale, ou classique. »

Pour montrer que dans la société industrielle les firmes ne se contentent pas de répondre à la demande exprimée sur les marchés, mais au contraire, jouent un rôle déterminant en matière de conditionnement social en œuvrant à une *filière inversée* :

> « La grande entreprise moderne a sous la main les moyens d'exercer une action sur les prix auxquels elle vend comme sur ceux auxquels elle achète. Elle a également les moyens de manœuvrer le consommateur pour qu'il achète aux prix dont elle est maîtresse. Ce contrôle et ce conditionnement sont indispensables à sa planification. »
> « Ainsi, les croyances sociales ont en partie leur source dans le producteur. L'adaptation du comportement de l'individu à l'égard du marché, et celle des attitudes sociales en général, aux besoins du producteur et aux objectifs de la technostructure, est donc une caractéristique naturelle du système. »
> « […] la filière classique correspond de moins en moins à la réalité. [...] c'est l'entreprise de production qui pousse ses tentacules pour contrôler ses propres marchés, bien mieux, pour diriger le comportement de marché et

modeler les attitudes sociales de ceux qu'apparemment elle sert. Pour ce phénomène, il nous faut aussi trouver un nom : celui de filière inversée paraît approprié. » [1]

Or le mode de vie détermine directement les besoins d'une société donnée - Pour qui produire ? Que produire ? En quelle quantité ? -, besoins que l'organisation économique doit pourvoir en adoptant un certain mode de production : comment produire ? Si les deux aspects sont étroitement liés, l'organisation productive est déterminante pour saisir les éléments de chiffrage et, en retour, influencer le mode vie. Non seulement des choix décisifs interviennent dans le processus de production mais ils catalysent l'essentiel des flux et disposent déjà de structures de quantification opérationnelles. Il reste à proposer les moyens d'éclairer une question non moins essentielle, soulignée par Joseph Stiglitz[2] : selon quel processus se prennent les décisions[3].

1. SUBVERTIR LE CHIFFRAGE

Comme Derosières le montre, non seulement le choix de la production de chiffres répond à une idée sous-jacente mais avant de mesurer il faut construire des équivalences.

---

1 J. K. Galbraith, 1967, p. 218-219, toutes les citations.

2 Dans la Grande Désillusion (2002, p. 19), Joseph Stiglitz note à propos du *consensus de Washington*, lui-même issu des recommandations du Fonds Monétaire International et de la Banque mondiale : « La prise de décision [...] était fondée, semblait-il, sur un curieux mélange d'idéologie et de mauvaise économie, un dogme qui parfois dissimulait à peine des intérêts privés »

3 *Infra*, § 3, p. 123.

> « La généralisation du pouvoir d'achat comme mode d'acquisition transforme le processus de satisfaction des exigences en une affectation de moyens suffisants, notamment la monnaie, à des fins alternatives. »[1]

Il s'agit donc de choix sous contrainte de pouvoir d'achat (ou budgétaire)[2], c'est-à-dire des possibilités monétaires de chacun. Or, comme l'impasse actuelle le montre, en matière d'écosystème la monnaie, *équivalent général*, ne permet pas d'atteindre les objectifs souhaitables alors que, par ailleurs, force est de constater que « nous sommes confrontés au fait que tout ce qui n'est pas compté finit par ne plus compter »[3]. En conséquence, en prenant appui sur l'importance considérable du chiffre, ses utilisations potentielles et finalement ses aspects performatifs, il s'agit d'œuvrer à des outils qui permettraient d'atteindre les objectifs écosystémiques.

1.1. Des priorités aux objectifs

Si la conférence de Stockholm (1972) aborde déjà l'essentiel en matière écosystémique, les principes et les recommandations sont incontestablement restés sans effet. Vingt ans plus tard, la conférence de Rio (1992) aboutit notamment à la convention-cadre sur les changements

---

1 Karl Polanyi, 2007, L'économie en tant que processus institutionnalisé [1957], p. 56.

2 Si cette évidence est implicitement très présente dans les argumentaires de vente, si la vertu essentielle attribuée à la concurrence est de tirer les prix vers le bas, prix censés condenser toutes les caractéristiques du produit, elle est bizarrement passée sous silence lorsqu'on aborde la question de la liberté de choisir., *infra*, § 3.1, p. 124.

3 Florence Jany-Catrice, 2009, p.1.

climatiques et celle sur la diversité biologique qui précisément correspondent aux deux urgences actuelles.

Alors que, depuis des années déjà, s'est établie une convergence scientifique sur la transformation climatique (réchauffement, phénomènes extrêmes, brusques variations, etc.) et sur la destruction de la biodiversité[1] (disparition d'espèces animales et végétales, notamment en lien avec le recul des forêts), les deux dangers n'occupent pas la même place, ni dans les médias, ni dans l'esprit des citoyens. Le premier est arrivé sur le devant de la scène par la médiatisation des conclusions scientifiques, particulièrement celles du G.I.E.C, créé en 1988, et surtout parce que les effets sont non seulement visibles mais affectent désormais toujours davantage la population. En revanche, la seconde, reste moins médiatisée, ne dispose du I.P.B.E.S. que depuis 2012 et, alors même qu'elle est observable, affecte encore nettement moins. Peut-être est-ce en raison d'une population devenue essentiellement citadine qui n'a finalement que peu de contacts avec la nature, quand elle ne s'en tient pas craintivement à l'écart. Pour autant l'urgence n'est pas moindre car le phénomène est mortifère, telle une semonce[2], la récente pandémie nous l'a rappelé brutalement.

Si à l'évidence une structure internationale permettant de rassembler les données peut contribuer à leur médiatisation et mettre davantage une question qu'une autre à l'agenda, précisément celle du bouleversement du climat, il est clair que, dans les deux cas, l'inaction depuis cinquante ans est patente. La mauvaise volonté intéressée

---

1 *Infra*, Annexe 1, p. 198.

2 Marie-Monique Robin et Serge Morand, 2021.

d'un certain nombre d'acteurs[1] joue un rôle déterminant. Les stratégies dilatoires pour entraver les changements sont désormais bien documentées : d'abord, la négation véhémente du problème ; ensuite, lorsque cette position devient intenable, une communication donnant à penser que les changements nécessaires sont désormais intégrés, que les actions sont en cours, et que des solutions techniques sont toujours possibles. Auxquelles s'ajoute un lobbying intense pour empêcher une législation plus contraignante, voire pour affaiblir à l'avantage d'intérêt particuliers les textes qui existent. Cependant, même si cette attitude n'y est pas étrangère, ces évidences n'épuisent pas, loin s'en faut, la question de l'apathie sociale face à cette double évolution catastrophique. Ainsi, l'approche des dysfonctionnements, leur médiatisation sociale et les solutions proposées pour modifier la trajectoire doivent aussi être interrogées, car depuis Stockholm les comportements mortifères issus de l'activité humaine se sont amplifiés.

Un regard rétrospectif montre que depuis un demi-siècle l'approche systémique s'est dissoute dans les approches académiques[2], en particulier en sciences humaines[3], une tendance qui contribue à sa quasi

1 Les acteurs sont connus et leurs agissements aussi : parmi d'autres, l'exemple des cigarettiers ou des pétroliers.

2 Seule la connaissance précise des différents domaines permettrait de valider cette affirmation : il va de soi qu'une perspective extérieure est nécessairement superficielle et réductrice mais il s'agit de brosser un tableau d'ensemble. De ce fait, les illustrations dans les notes suivantes sont essentiellement choisies en économie.

3 En économie, cette tendance est particulièrement visible. Le recul des approches marxiennes et de l'école de la régulation, dernière à adopter ce genre de démarche, le montre à l'envi. Évidemment, cette évolution se répercute à la fois sur les carrières des

disparition médiatique. Si la segmentation des questions a ses vertus et ses justifications dans la mesure où les domaines abordés nécessitent un découpage de spécialisation, elle a aussi ses limites précisément parce que la juxtaposition des analyses[1] ne suffit pas à éclairer l'ensemble.

Autrement dit, dans un domaine donné, non seulement il faudrait éviter les approches dites, en silo, c'est-à-dire cloisonnées, mais valoriser les perspectives différentes pour éclairer les angles morts[2]. Au-delà, ce décloisonnement fondé sur la coopération[3] devrait s'étendre à une

---

économistes et sur les enseignements : régulièrement les étudiants, notamment issus de cursus prestigieux, protestent contre le rétrécissement des perspectives économiques enseignées (Alternatives Économiques n°183, 2000, Le Monde, 2014). La mise en défaut des économistes dominants lors de la crise de 2008 l'illustre autrement.

1 En économie, l'expression latine, *Ceteris paribus*, dont les économistes raffolent, illustre ce problème dans la mesure où précisément les interactions sont, *a priori*, écartées. Si, en première analyse, cette façon de procéder se justifie pour déplier une question, elle ne saurait suffire et d'autant moins que les imbrications sont devenues toujours plus fortes avec l'accélération de l'organisation de la production à l'échelle mondiale et la multiplication de ses implications délétères pour l'écosystème.

2 En France, en économie, un contre-exemple caricatural est fourni par les agissements de Jean Tirole, auréolé par un prix de la banque de Suède (incorrectement qualifié de Nobel), qui n'hésite pas à en user pour empêcher, avec succès, la création d'une nouvelle section en économie « Institutions, Territoires, Économie et Société », laquelle visait précisément à valoriser d'autres approches et la transdisciplinarité (Dépêche A.F.P., 2015, A.F.E.P., 2015) .

3 Dans un monde gouverné par la concurrence, dans lequel chaque discipline bataille pour obtenir des financements, toujours plus restreints, une véritable coopération ne va pas de soi. Issue d'un certain management des firmes, cette manière de procéder s'est

réelle transdisciplinarité, aujourd'hui surtout présente dans les discours[1].

En conséquence, non seulement il s'agit de promouvoir une approche systémique de la société, y compris dans sa dimension économique, mais aussi de l'ensemble de l'écosystème pour enfin sortir de la fiction dans laquelle le capitalisme s'est construit : un système sans exigences particulières quant à la société[2] et sans effet sur l'écosystème[3]. Autrement dit, plutôt que de se contenter de

---

largement répandue.

1 À l'évidence, aujourd'hui, une réelle transdisciplinarité n'est pas académiquement valorisée. Ce qui ne signifie pas qu'il n'existe pas une certaine perméabilité. Néanmoins celle-ci est loin d'être toujours vertueuse soit qu'une discipline en phagocyte une autre (ainsi, les perspectives et les concepts de l'économie dominante tendent à s'étendre au détriment de ceux d'autres domaines) soit, qu'elle se contente d'utiliser une autre discipline comme terrain de modélisation (certains économistes instrumentalisent ainsi une période historique pour la faire entrer dans un modèle hors sol) sans réellement mettre en cause des raisonnements fondés sur des postulats irréalistes.

2 En économie le terme de développement, souvent utilisé pour ne pas évoquer ou reconsidérer la croissance, met généralement en avant l'aspect qualitatif de la croissance sans souligner l'ambivalence du mot qualité. Dans l'utilisation courante, sans précision, implicitement il renvoie à une idée positive et occulte le sens de caractéristique, utilisé entre autres par les économistes qui, en soi, n'exprime ni la nature ni le sens de la transformation.

3 Au-delà du débat autour du terme retenu (anthropocène ou capitalocène) pour désigner ce fait, et sans nier les actions antérieures des humains génératrices de transformation, il nous paraît utile de pointer non seulement un changement quantitatif mais aussi qualitatif à partir de la Révolution Industrielle de la fin du XVIIIe siècle car, depuis lors, le *productivisme*, l'*extractivisme* et l'*accumulation sans limite* dévastent la planète par une *exploitation infinie*.

résoudre localement[1] les problèmes, ce qui est évidemment aussi nécessaire, il faut impérativement mettre l'accent sur les liens, et donc les *interdépendances*, entre les diverses questions. Ce qui revient à les traiter non à la surface mais à la racine. Ainsi les solutions et les *changements nécessaires* sont forcément *systémiques* et non dans l'aménagement superficiel de compartiments, là où les problèmes sont devenus flagrants, au point de ne plus pouvoir être occultés, avec souvent pour conséquence, de les déplacer, voire d'en créer d'autres ailleurs.

Les dysfonctionnements ne poussent à agir que lorsque d'une manière ou d'une autre, et pas nécessairement directement, nous sommes affectés[2] ou, si on préfère touchés, dans tous les sens du terme : soit parce qu'ils mettent un mode de vie ou des vies en cause[3], soit parce que ceux-ci atteignent les humains, en tant qu'être sensible[4]. Il va de soi que l'information joue un rôle important, et d'autant plus que, sous une forme ou une autre, elle est mise en avant, relayée, diffusée. Du reste, l'objet même de la médiatisation est de chercher, d'une manière ou d'une autre, à sensibiliser à une question

1 Au sens médical du terme.

2 Frédéric Lordon, 2013.

3 Alors qu'au Texas, en 2020, pendant une période de froid exceptionnelle, la gigantesque panne d'électricité illustre la mise en cause, certes limitée dans le temps, d'un mode de vie, les événements climatiques extrêmes (ouragans, inondations, pics de chaleurs, etc.) font de plus en plus de victimes.

4 Souvent la souffrance humaine, en particulier les morts générés par une catastrophe ou des conditions de vie inacceptables ; ou encore, plus généralement, la situation d'autres vivants : par exemple, la maltraitance animale, notamment dans les élevages industriels concentrationnaires.

ignorée ou jugée primordiale[1]. De même, la connaissance par proximité sociale, par observation directe et encore davantage par expérience (soi-même ou ses proches) tient une place importante. Or, plus les dysfonctionnements nous affectent, d'une façon ou d'une autre, plus ils deviennent prioritaires. Ainsi, aujourd'hui, parmi les préoccupations relatives à la biosphère, il est évident que les transformations climatiques inquiètent plus que la perte de biodiversité et davantage encore que les limites en tous genres auxquelles nous sommes confrontés. Alors que précisément une approche réellement écosystémique devrait conduire à les tenir ensemble tant elles sont imbriquées plutôt que de chercher à résoudre l'une, par des pseudo solutions trop souvent au détriment des autres[2].

1 De toute évidence les grands médias jouent un rôle important dans le choix, la hiérarchie et le traitement des informations ce qui, en soi, n'est pas neutre et, d'ailleurs ne pourrait l'être. Évidemment, le problème se pose lorsqu'ils ne sont pas pluriels, ou pire, faussement pluriels, concentrés et à la main ou au service d'une oligarchie. Après l'été 2022, grâce à l'action d'associations qui ont analysé le temps et la manière de traiter les questions écosystémiques, la carence des médias dominants est devenue patente au point qu'une charte visant à améliorer le traitement de ces informations s'est imposée.

2 Typiquement l'énergie nucléaire vantée pour sa faible émission de carbone. Hormis les risques énormes intrinsèques à cette industrie, multipliés en cas de conflits (cf. guerre en Ukraine), et l'impossibilité de sa généralisation (prolifération nucléaire, y compris militaire), sur le seul plan écosystémique, son bilan carbone n'est jamais complet (émission de carbone lors de la construction et du démantèlement). En outre, elle nécessite une matière première fossile qui contribue donc à l'*extractivisme*, et génère des déchets dangereux, non absorbables. Par ailleurs, d'ores et déjà, les pénuries en eau et les pics de chaleur empêchent le refroidissement des réacteurs et nécessitent l'arrêt à certaines périodes ce qui, contrairement aux affirmations, rend cette énergie fluctuante, voire

Un rapide examen[1], des trois grandes questions le montre clairement.

Si la transformation climatique a pour origine directe la teneur de l'atmosphère en carbone et autres gaz, notamment le méthane, celle-ci est elle-même générée par l'utilisation des énergies fossiles, l'*extractivisme* et la disparition des puits de carbone, lesquels résultent eux-mêmes d'un mode de production particulier. Un système qui se caractérise par le *productivisme*, l'*accélération* et l'*intensification des flux*, notamment *via* l'organisation mondiale et le développement des *flux tendus*, la durabilité et la réparabilité toujours plus faible des objets (obsolescences diverses, conception, etc.), l'accumulation sans fin, la multiplication des déchets et pollutions diverses. En d'autres termes, un système qui se caractérise notamment par l'absence de toutes bornes au mode de production ajusté au mode de vie, lui-même prisonnier de la consommation infinie, exacerbée par une frustration permanente. Évidemment l'augmentation de la population

---

discontinue, quant à son niveau de production. Enfin, les investissements nécessaires aux installations vieillissantes ou aux projets futurs, qui laissent pour le moins dubitatif, entrent en concurrence directe avec d'autres solutions de production énergétique ou d'économie d'énergie ; surtout, elle participe de ces solutions techniques qui, dans une de fuite en avant, donnent à court terme l'illusion qu'il ne faudrait pas changer radicalement nos modes de production et de vie, faisant ainsi perdre un temps précieux.

1 Cet examen sera nécessairement limité parce que, d'une part, il ne s'agit pas du centre de notre propos même s'il le fonde, et d'autre part, faute de connaissances, des aspects importants nous échappent sans doute. Il va de soi que des compléments sont bienvenus. Néanmoins, d'ores et déjà, les éléments, liens et interactions mis en avant suffisent amplement à étayer notre propos.

comme l'extension de ce système à tous les humains renforcent la tendance et le changement climatique s'entretient lui-même : fonte des glaces, libération de nouveaux gaz (et aussi de virus), modification des courants marins, etc. Les conséquences de plus en plus visibles pour les êtres humains s'observent d'abord par des phénomènes météorologiques : davantage de pics de chaleur, de phénomènes extrêmes (pluies torrentielles, sécheresses sévères, ouragans , etc.), de variabilité, d'instabilité. Il s'ensuit des effets sur l'habitabilité des terres et son corollaire, des déplacements contraints de populations, aujourd'hui déjà très visibles : élévation du niveau de la mer qui entraîne la submersion de côtes et d'îles, zones trop chaudes, sèches ou dangereuses pour y vivre ; mouvements migratoires importants, directement liés, ou souvent résultats de conflits issus de la perte de ressources vitales, elle-même due au changement climatique ou aux conséquences de certaines activités humaines (captation de l'eau, extractivisme, etc.). Enfin, dans les régions encore moins concernées, la production agricole et industrielle est aussi touchée[1].

Si le recul de la biodiversité occupe moins le devant de la scène, la récente pandémie, qui interroge la question de la diffusion des virus, met davantage en lumière

---

1 Si la destruction de récoltes due à des variations brutales ou la baisse des rendements agricoles, conséquence de la sécheresse, de pluies diluviennes, d'un froid tardif, etc. ne sont pas nouvelles, les plantes désormais cultivées pour leur rendement élevé n'ont pas la capacité de résistance des variétés rustiques plus anciennes, abandonnées car moins productives. Au plan industriel, les pics de chaleur ou la baisse des cours d'eau empêchent la poursuite de certaines activités (centrales nucléaires, etc), d'autres phénomènes perturbent les transports, devenus si vitaux en flux tendus.

l'importance de la biodiversité, sans que, pour l'instant, cela n'en fasse une préoccupation première. Néanmoins, les études convergent vers ce constat alarmant : un réel effondrement de celle-ci. En première approche, il résulte essentiellement de la destruction des zones quasi sans peuplement humain, liée à l'augmentation de la population tant humaine qu'animale domestique, à l'extension des activités industrielles et agricoles qui elles-mêmes, dans un processus de rationalisation[1], réduisent la diversité dans les zones habitées, notamment par l'hyper sélection du vivant. Bien entendu, derrière ces constats, les modes de production et de vie se profilent à nouveau puisque, d'un côté, le *productivisme* conduit à l'*extractivisme* qui lui-même détruit ou altère gravement des surfaces considérables pour un certain type de vivant ; de l'autre, l'industrialisation de l'agriculture qui non seulement dépend essentiellement des hydrocarbures (carburant, engrais, etc.) mais aussi adopte des pratiques (pesticides, monoculture et élevage intensifs, moindres variétés des plantes et des animaux, épuisement ou pollution des nappes phréatiques, etc.) qui réduisent directement la fertilité des sols et, indirectement, des zones forestières essentielles afin de pourvoir à l'alimentation du bétail. Les conséquences les plus directes du recul de la biodiversité sont, d'une part, une diminution des possibilités de résilience par la perte de variétés susceptibles de s'adapter à des conditions climatiques différentes et, d'autre part, au plan sanitaire, tant pour les êtres humains que les animaux,

1 La rationalisation au sens économique renvoie au calcul (*homo œconomicus*) qui lui-même conduit à une recherche de productivité sans fin. Le productivisme, dans lequel seuls certains aspects sont pris en compte, dans lequel l'incommensurable et le long terme sont toujours sacrifiés.

l'augmentation considérable de la diffusion des virus et des effets dévastateurs des zoonoses, elles-mêmes amplifiées par l'élevage industriel.

Ces deux changements renvoient eux-mêmes à l'*hubris* et l'ignorance des limites, caractéristiques de nos modes de production et de vie, dont les effets deviennent davantage visibles mais dont toutes les dimensions sont encore généralement assez peu évoquées. Or, si la multiplicité de ces limites était saisie, la nécessaire mise en cause systémique paraîtrait évidente, et, logiquement devrait conduire à agir sur les origines plutôt que sur des solutions palliatives localisées ou la réparation des dégâts occasionnés[1], voire, à ne rien faire du tout. Même si l'extension humaine sur de nouveaux territoires ou l'utilisation de nouvelles techniques ont permis de repousser ces limites au point de les oublier, voire de les ignorer, dans un monde fini, elles sont inévitables et désormais mises en lumière par de nouveaux indicateurs globaux[1]. Si certaines sont absolues, d'autres sont relatives, ou plus exactement soumises à conditions. Schématiquement, une société donnée dépend, en amont, des ressources disponibles, nécessaires à la vie humaine, et, en aval, des divers effets générés par l'activité humaine[2]. On ne peut que constater que depuis la Révolution Industrielle, le système productiviste, devenu progressivement dominant puis hégémonique[3], se caractérise par une exploitation inconsidérée de ressources et par l'accumulation d'effets indésirables

---

1 La place prise par la *réparation* est significative. Si bien sûr elle est nécessaire, une démarche vertueuse consisterait à éviter les dégâts qui doivent ensuite être réparés, quand ils ne sont pas irréparables.

2 Ce qui renvoie à la thermodynamique.

divers, au point désormais de menacer l'existence humaine tant par l'amont que l'aval, d'ailleurs souvent liés[1].

Alors que l'air, l'eau et la nourriture sont essentiels à la vie humaine, les effets de l'activité humaine les menacent directement : la dégradation de la qualité de l'air, de l'eau et des terres cultivables, voire la diminution des deux dernières ressources (eau utilisable disponible et terres fertiles). Or, il s'agit là des effets directs d'une certaine activité humaine – pollution de l'air, de l'eau et des sols – ou indirects liés aux transformations ou au recul de la biodiversité. Autrement dit, dans ce cas, les modes de production et de vie génèrent des effets qui mettent en cause les bases de la vie humaine et que le développement des pathologies chroniques expose désormais[2].

Par ailleurs, la civilisation thermo-industrielle s'est construite sur l'utilisation des énergies fossiles et, plus généralement, les matières premières extraites du sous-sol, c'est-à-dire sur l'*extractivisme* qui, en soi, rend non seulement des surfaces considérables inutilisables pour d'autres usages humains (élevage, agriculture, habitat) mais s'effectue aussi au détriment des espaces sauvages, avec ses plantes, ses animaux et sa biodiversité. Les énergies fossiles sont soumises à une limite absolue : l'énergie nécessaire à leur extraction, qu'il s'agisse d'énergie conventionnelle ou non, l'extraction par la seconde méthode générant de surcroît des destructions toujours plus importantes. En revanche, les autres matières sont soumises à une limite relative dans la mesure où elles

1 L'eau illustre cette liaison : d'un côté, l'eau est indispensable à la vie ; de l'autre, sa dégradation limite ses usages, parfois jusqu'à en interdire l'ingestion humaine.

2 La pandémie met particulièrement le phénomène en lumière avec la comorbidité des personnes déjà malades.

dépendent de leur accessibilité (profondeur et densité), c'est-à-dire finalement de l'énergie utilisée pour les extraire. À mesure que les gisements les plus facilement exploitables disparaissent, non seulement les dégâts issus de l'extraction sont plus importants, mais l'énergie nécessaire au prélèvement augmente considérablement, la question énergétique étant elle-même centrale[1].

Enfin, le *productivisme* génère des *sous-produits* particulièrement néfastes dans la mesure où, aux effets de l'activité productive elle-même, s'ajoutent ceux issus du mode de vie, étroitement ajusté[2]. Si, en première approche, les pollutions diverses (air, eau, sol) résultent d'abord de l'activité productive, du transport, associé ou non, et des déchets de la consommation de cette production, cette séparation est factice tant les deux sont imbriqués. Pourtant, d'ores et déjà, un constat s'impose : la planète ne parvient plus à tout absorber[1] dans une durée raisonnable au regard de la vie humaine elle-même.

Si jusqu'à un certain point, la nature parvient à résorber les rejets (carbone, gaz, etc.) ou à transformer les déchets pour qu'ils reviennent à la terre, au-delà d'une certaine quantité, les capacités d'absorption sont atteintes et d'autant plus que l'écosystème est toujours davantage altéré par l'activité humaine. Par ailleurs, un grand nombre de *sous-produits* de l'activité humaine sont non seulement dangereux mais ne se transforment que très lentement dans la nature : au mieux, des techniques permettent de limiter

1 L'énergie nécessaire augmente avec la profondeur et la moindre concentration des matières. Philippe Bihouix, 2011.

2 *Supra*, § 1, p. 75.

leur prolifération ; au pire, leur disparition se heurte à l'impuissance humaine[1].

Au regard de ce constat, des modifications marginales ne sauraient suffire, surtout elles ne résolvent rien et, finalement, retardent les actions véritablement nécessaires, réduisant ainsi les possibilités futures. En d'autres termes, s'accrocher à des solutions illusoires pour faire encore durer le système nous fait perdre un temps précieux dans une bifurcation devenue urgente car nous aurions dû l'amorcer au moins depuis un demi-siècle[1], lorsqu'il était devenu évident que nous étions engagés toujours davantage dans une impasse dont il fallait sortir pour changer de trajectoire.

Une *transformation radicale*, c'est-à-dire en prenant les problèmes à la racine, s'impose pour éviter une évolution catastrophique. Il devient donc vital d'abandonner le capitalisme et de construire d'autres organisations sociales[2], compatibles avec la préservation de l'écosystème.

Il s'agit donc d'opérer un *renversement de l'encastrement*, au sens de Polanyi, non seulement pour que les sociétés contiennent à nouveau l'économie mais pour que, dans leur fonctionnement, elles intègrent, comme certaines sociétés anciennes, les limites de l'écosystème. Schématiquement :

---

1 Des déchets organiques inoffensifs, à décomposition rapide, aux déchets nucléaires à la dangerosité extrême et quasi éternels, au regard de la vie humaine, en passant par les micro-plastiques et autres qui empoisonnent le vivant.

2 Au pluriel car, comme le suggère notamment Jérôme Baschet (2016, 2019), les sociétés seront probablement plurielles.

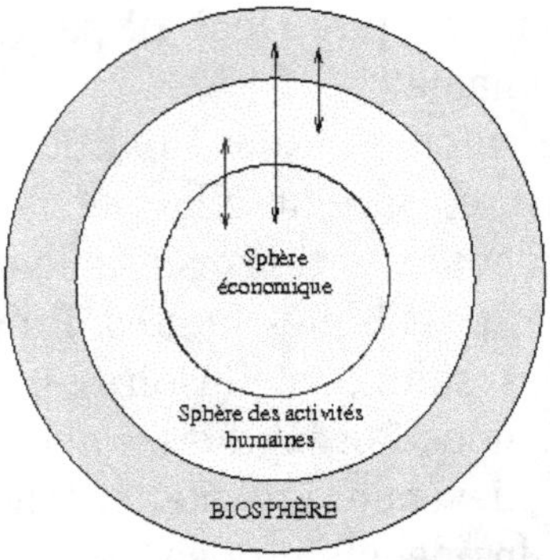

Mise en forme par l'auteur. Source : René Passet, 1979

Schéma commenté en annexe 4, *Infra*, p. 206

1.2. Imaginaire et transformation du réel

Le nécessaire changement de trajectoire est résumé par le sous-titre lapidaire d'un livre d'Hervé Kempf : le capitalisme « ce sera lui ou nous »[1]. Il revient à une transformation radicale de nos modes de production et de vie. En dépit des difficultés, un bouleversement qui s'impose comme une évidence : contrairement aux affirmations les plus courantes, il s'agit de la seule voie réaliste[2], même si le parcours est semé d'embûches, si elle ne va pas de soi, tant le capitalisme nous a, d'une certaine

1 Hervé Kempf, 2020, sous-titre.

2 Les arguments des pseudo réalistes sont connus : il faudrait du temps pour que la société s'habitue à la transformation. Ainsi, en matière énergétique, le nucléaire conduirait à une transition en douceur qui permettrait à la société de s'adapter. Nucléaire, précisément mis en œuvre, dans les années 70, pour assurer une indépendance énergétique, d'ailleurs relative (uranium), non pour changer de trajectoire afin de sortir de l'impasse déjà avérée (Stockholm 72).

manière, dorloté, anesthésié[1], du moins pour ceux qui n'en ont pas d'abord été des victimes. De surcroît, il ne faut pas négliger la plasticité remarquable du système, laquelle lui permet de phagocyter ou de détourner des éléments, des aspirations et des mouvements *a priori* contraires pour mieux les subvertir et les absorber[2].

Dans le capitalisme les *flux* tiennent une place essentielle et toute l'histoire du système montre la recherche perpétuelle de leur accélération[3]. Schumpeter souligne déjà la centralité du mouvement, à la fois création et nécessité du capitalisme, et le lien étroit entre modes de production et de vie :

> « Le capitalisme [...] constitue, de par sa nature, un type ou une méthode de transformation économique et, non seulement il n'est jamais stationnaire, mais il ne pourrait jamais le devenir. [...] l'impulsion fondamentale qui met et maintient en mouvement la machine capitaliste est imprimée par les nouveaux objets de consommation, les nouvelles méthodes de production et de transport, les nouveaux marchés, les nouveaux types d'organisation industrielle - tous éléments créés par l'initiative capitaliste. »[4]

La réussite sociale du capitalisme tient essentiellement à sa capacité à entretenir une frustration perpétuelle à laquelle la fuite en avant dans la consommation ne permet

---

1 À bien des égards, « Le meilleur des mondes » d'Aldous Huxley nous le donne à voir.

2 Luc Boltanski et Ève Chiapello, 2011.

3 L'organisation productive en travail à la chaîne avec son tapis roulant ou, aujourd'hui, par son extension en flux tendus, comme la recherche sans fin des gains de productivité le montrent à l'envi.

4 Joseph Schumpeter, 1998, p. 116

pas d’échapper, en dépit des promesses, intrinsèquement fallacieuses et toujours renouvelées. De nombreux auteurs ont souligné le rôle joué par la publicité dans le conditionnement des comportements, notamment en créant tout un imaginaire capitaliste[1] qui, en dernière analyse, à tous les niveaux, par des manières et biais différents[2], valorise le *toujours plus*[3], essentiel au système et que la quête perpétuelle de croissance montre à l’envi. Or, comme cette course sans fin ne peut pas durer dans un monde fini, il est nécessaire de sortir d’urgence de cet *imaginaire* pour s’extirper du capitalisme mortifère. Fondamentalement, il s’agit de déterminer ce qui dans la société doit être valorisé et qui, par suite, fonde la valeur pour les personnes qui la composent[4]. Ainsi, pour Serge Latouche, *décoloniser l’imaginaire* de la croissance commence par un examen de ce qu’il faut réévaluer :

> « L'altruisme devrait prendre le pas sur l'égoïsme, la co-opération sur la compétition effrénée, le plaisir du loisir et l’ethos du jeu sur l'obsession du travail, l'importance de la vie sociale sur la consommation illimitée, le local sur le global, l'autonomie sur l’hétéronomie, le goût de la belle ouvrage sur l'efficience productiviste, le raisonnable sur le rationnel, le relationnel sur le matériel. »[5]

---

1 La filière inversée de J.K. Galbraith, *Supra*, § 1.2, p. 90. Veblen, Baudrillard, Duesenberry, etc.

2 Des *valeurs fondamentales* portées par une société à leurs manifestations concrètes données par des *normes* explicites ou implicites.

3 Toujours plus de consommation, de confort, de vitesse, de mobilité, de productivité, de production, de biens, de croissance, de capital, de compétition, etc.

4 André Orléan, 2011 ; Frédéric Lordon, 2013.

Comme le rappelle Polanyi, les sociétés sont toujours porteuses de *normes* qui influencent et imprègnent profondément leurs membres :

> « Dès que [...] la société attend de ses membres un *type défini de comportement* et que les *institutions prédominantes* sont généralement en mesure de l'imposer, les *idées* concernant la nature de l'homme vont avoir tendance à refléter cet *idéal*, qu'il corresponde ou non à la réalité. »[1]

Si cette dimension normative se lit dans les lois, dans les règles explicitement établies, elle prend aussi des chemins plus informels en se diffusant implicitement dans les comportements quotidiens intégrés et attendus. Dans une société obsédée par le nombre, la *quantification* tient une place importante dans la *norme* puisque précisément elle doit permettre des comparaisons, des références, de montrer les écarts entre réalisations et objectifs[2]. Il serait donc dommage de se priver de sa puissance normative et

---

5 Serge Latouche, 2007, p. 57-60. L'horizon vers lequel il faudrait tendre est résumé par *huit R* : Réévaluer, Reconceptualiser, Restructurer, Relocaliser, Redistribuer, Réduire, Réutiliser, Recycler

1 Karl Polanyi, 2008, p. 513.

2 La domination de la finance s'est imposée avec ses *normes de rentabilité* (déraisonnables) dont la satisfaction a transformé significativement le monde industriel. Ses *normes d'évaluation* ont elle-mêmes influencé les *normes comptables et bancaires* et, plus généralement les comportements qui, d'une manière ou d'une autre, sont liés ; sans même évoquer les transformations législatives (notamment relatives au décloisonnement, au contrôle) et sociales (promotion des fonds de pension, individualisation de la protection sociale, etc.) qui ont accompagné le mouvement.

modificative pour changer de trajectoire. Comme le souligne Jany-Catrice,

> « [...} tous les indicateurs sont performatifs, c'est-à-dire que non seulement ils formatent une vision du monde, mais en plus ils tendent à transformer la réalité, parce que les énergies finissent par se concentrer et s'adapter à ces indications chiffrées. »[1]

Il s'agit donc de mettre la quantification au service de l'écosystème dans toutes ces dimensions. D'abord en mettant en évidence ce qui a une importance essentielle pour changer de trajectoire. Ensuite, en donnant, de façon dynamique, des objectifs à atteindre pour infléchir la tendance vers une direction compatible avec l'écosystème. Enfin, en mobilisant, à tous les niveaux, en ce sens.

En d'autres termes, ce chiffrage doit permettre à l'*efficacité écosystémique* de supplanter l'efficacité économique étroite, fondée sur les prix[2]. Il doit donc servir à économiser les ressources, à minimiser les effets délétères des modes de production et de vie ; et aussi à mobiliser non seulement les efforts de tous mais aussi toute l'intelligence et l'inventivité humaine[3].

Néanmoins ce *renversement* ne peut pas s'envisager sans articuler les questions sociales et écosystémiques. S'il s'agit de mobiliser toute la société, l'effort doit être réparti

---

1 Florence Jany-Catrice, 2009

2 En finir avec la compression des prix au mépris du travail et de la biosphère, avec la recherche sans fin de la productivité, du profit et de l'accumulation.

3 Il s'agit donc d'atteindre des objectifs (dans notre propos, démocratiquement définis), d'organiser et de mobiliser en ce sens, d'articuler des temporalités différentes ; en d'autres termes, de planifier.

et chacun doit pouvoir vivre dignement[1]. En d'autres termes, le partage des efforts et celui des richesses sont essentiels, c'est-à-dire qu'il est fondamental d'entendre et d'intégrer l'exigence de justice. Alors qu'en première approche, les priorités sociales peuvent paraître indépendantes, incompatibles, voire opposées aux priorités écosystémiques, l'analyse montre qu'il n'en est rien à condition de se donner les moyens de les tenir ensemble, notamment en combinant des temporalités différentes.

---

1 En France, la taxe sur les carburants déclencheur de la révolte des *gilets jaunes* le montre. Si indubitablement les porteurs du gilet étaient divers, avec un peu de recul sur la caricature médiatique qui en a été faite, l'examen de leurs demandes clairement formulées lors des *assemblées des assemblées* montre qu'elles relèvent à la fois du social et de l'environnemental. Surtout, le déclencheur mérite attention. Non seulement la taxe levée n'était que très partiellement destinée à la transition écologique mais, à défaut d'une mesure identique sur les transports aérien et maritime, elle ne touchait que les utilisateurs de voitures individuelles, ce qui paraissait d'autant plus injuste que pour beaucoup de ruraux il s'agit du seul moyen de transport utilisable, notamment pour se rendre sur le lieu de travail, et aussi souvent le seul utilisé par des catégories sociales dont la mobilité est réduite au local. Surtout, l'*élasticité de la demande de carburant par rapport au prix*, étant au vu de l'inexistence en milieu rural, au moins à court terme, de solutions alternatives (sauf à admettre un potentiel non utilisé important de covoiturage) très faible, l'effet sur la demande globale est quasi nul. Pourtant, au regard de l'écosystème, une telle taxe ne se justifie que si elle fait baisser la demande d'énergie fossile. À défaut, elle est un simple prélèvement fiscal indirect, proportionnel au prix, donc plus lourd pour les petits revenus, et semblable à la T.I.P.P. ou à la T.V.A. qui existent déjà. Par ailleurs, lorsque la contrainte de revenu est forte, elle alourdit significativement le poste budgétaire des transports pour les ménages, parfois au détriment de dépenses essentielles (nourriture, éducation, santé, etc.).

Comme nous l'avons souligné, il va de soi que la mobilisation de la population dépend d'abord de son affectation. Alors même que la convention citoyenne pour le climat était limitée dans son objet, les mesures préconisées par les participants, dûment informés des enjeux, ont pour le moins surpris les instigateurs qui n'en attendaient pas tant. Si en dépit des promesses, les préconisations n'ont pas été reprises, ou alors édulcorées au point de devenir méconnaissables, provoquant ainsi l'ire des participants, cette conférence aura au moins permis de montrer que des personnes, tirées au sort, éclairées, sont prêtes à mettre en cause une trajectoire inquiétante. Ce constat suggère donc que des citoyens véritablement informés sont ouverts à des changements, y compris lorsqu'ils bousculent leurs habitudes et touchent à leur mode vie. Il paraît clair que les véritables blocages sont ailleurs ; précisément dans l'attitude d'une minorité, qui par des activités extrêmement rentables à court terme[1] et son mode vie[2], est directement ou indirectement à l'origine de la destruction de l'écosystème. Reste que la possibilité de transformation dépend de la place sociale que chacun peut tenir, c'est-à-dire la capacité à vivre dignement. À cet égard, soulignons que presque systématiquement, pour faire accepter l'inacceptable, tant

1 Ce mépris du long terme montre ici tous les méfaits du couple court terme et *rationalité calculatrice*. Elle interroge aussi le virage pris par l'économie dominante par intégration des neurosciences en postulant que les comportements seraient généralement déraisonnables et devraient en utilisant le *nudge* être guidés par les décideurs éclairés.

2 Ce mode de vie est non seulement incroyablement gaspilleur en soi, mais il contribue à rendre désirable ses comportements, souvent complaisamment étalés.

dans le domaine social qu'écosystémique, la menace de suppression d'emplois, donc rapidement la perte des revenus et la déstabilisation sociale attachées, est utilisée.

En conséquence, toutes les restructurations de l'outil de production doivent être accompagnées pour que les salariés, et plus généralement ceux qui occupent des emplois liés, puissent retrouver une fonction sociale utile à tous, avec un revenu décent. De façon plus générale, deux principes de base doivent être retenus : justice et démocratie.

1.3. Des données pour des objectifs précis

Ne pas proposer d'autres chiffres opérationnels équivaut à laisser le champ libre à ceux dont l'activité est le plus directement destructrice de l'écosystème, aux financiers aux productivistes, etc. et, finalement, à la course sans fin au mépris des limites car : « [...] les indicateurs sont d'abord des outils politiques avant d'être des constructions, et des productions techniques ».[1]

Autrement dit, ils sont imaginés en fonction d'une perspective préexistante, parfois plus ou moins consciente, mais le plus souvent au service d'objectifs précis, pas nécessairement visibles et parfois avec des effets inattendus. Du reste, souvent le véritable objectif n'est pas celui annoncé mais devient davantage visible à mesure qu'il est atteint.

Le néolibéralisme est producteur de nombreux chiffres tant dans la sphère publique (l'État néo-libéral saisi par Derosières) que dans la sphère privée. La perspective et

1 *Ibidem.*

les méthodes de la seconde investissant la première avec l'antienne : Marché, concurrence, hiérarchie, productivité.

L'*ordolibéralisme* est particulièrement intéressant pour saisir l'idée d'*État néolibéral* car il demande clairement à l'État de créer les institutions adaptées à la *Société Marchande* et, plus précisément, de veiller à la concurrence pour rendre la *coordination marchande* vertueuse. Autrement dit, le rôle assigné à l'État résulte de la croyance dans la vertu du *Marché* qui, par le jeu de la concurrence, doit mener au meilleur résultat exprimé en termes monétaires dans la mesure où toutes les caractéristiques sont finalement réduites à un prix. Cette logique, en s'étendant à tous les niveaux, conduit à tout considérer en relations de Marché (clients-fournisseurs, y compris à l'intérieur des structures productives), à mettre le système entier sous pression par les flux tendus et à la multiplication d'indicateurs de performance visant, d'une manière ou d'une autre, à promouvoir la concurrence. Quels que soient les niveaux (États, pays, régions, villes, etc.), quels que soient les acteurs (privés, publics, firmes, associations, universités, lycées, etc.) et quels que soient les domaines (industrie, tourisme, santé, recherche, enseignement, etc.) la concurrence est exacerbée par l'utilisation d'indicateurs qui créent des espaces d'équivalence pour comparer[1], classer, hiérarchiser tous

1 Chercher à comparer n'est pas en soi problématique mais demande d'interroger les espaces d'équivalence construits et surtout la logique et les intentions sous-jacentes. S'agit-il d'appréhender les inégalités pour analyser les causes profondes pour chercher à les corriger ou simplement de désigner des *meilleurs*, de classer, de renforcer la concurrence, et finalement de creuser des inégalités par l'attribution d'une notoriété et de moyens supplémentaires aux *mieux classés* et conduire à dégrader la situation des autres par les

les domaines de la vie. Il va de soi que leur diffusion joue un rôle important : dans les médias dominants, la place prise par ces classements le souligne, notamment dans les domaines qui touchent au plus près les individus : santé, éducation, habitat[1], etc. Cette tendance n'est pas nouvelle[2] : son déploiement depuis quarante ans traduit la survalorisation sous-jacente de la concurrence, considérée comme vertueuse par principe, au détriment de la coopération[3]. Non seulement, cette logique a développé un individualisme inconséquent, détruit les collectifs et creusé les inégalités, mais elle est très discutable en termes d'efficacité, même comprise en termes étroits. Plus généralement, les effets délétères tant au plan social qu'au plan écosystémique sont patents. Si en soi, la place prise par les anglicismes *benchmarking* et *ranking* souligne l'ampleur du phénomène, quelques illustrations permettent de saisir son ampleur[4].

---

pertes d'image et de moyens et, finalement, la fuite de ceux qui auraient pu contribuer à améliorer les choses. Hirschman, 2017, Derosières, 2008.

1 Classement des hôpitaux, des lycées, des villes, etc. dont l'objectif est de guider les choix individuels non d'œuvrer à la correction des inégalités, le plus souvent issues de situations ou de difficultés particulières.

2 La comparaison du P.I.B./h de chaque pays, les indices de productivité à divers niveaux, etc.

3 La concurrence présente dans la nature étant instrumentalisée pour la rendre indiscutable non seulement en occultant la place importante de la coopération dans cette même nature mais en niant la nécessité de cette dernière pour qu'une société puisse exister.

4 Si les indicateurs de rentabilité financière et comptable sont bien sûr essentiels, et de ce fait assez évidents, il s'agit ici de focaliser sur des aspects plus diffus ou particuliers générés par la concurrence érigée en principe supérieur.

Peut-être un autre anglicisme, le *forced ranking*, montre-t-il le mieux cette dérive précisément parce que cette technique de management, en provenance des États-Unis, consiste à forcer le classement[1] afin de créer une hiérarchie de performance entre des salariés, y compris lorsqu'elle n'existe pas, pour renforcer la concurrence ou faciliter les licenciements. S'il est évident que de telles pratiques détruisent le collectif et conduisent à un climat délétère, cette méthode caricaturale montre d'autant mieux comment la place nouvelle accordée à la concurrence sape la coopération. Il n'est pas certain que l'efficacité y gagne, même au sens le plus étroit. En revanche, non seulement elle maintient la pression et crée une mauvaise ambiance, mais elle promeut le chacun pour soi, la soumission et la surveillance de tous par tous. De façon plus générale, elle se retrouve d'une manière particulière dans tous les domaines de la vie courante avec une tendance à la notation de tout, y compris dans certains services, des personnes elles-mêmes[2]. À cet égard, comme souvent les fictions imaginées dans divers domaines, la série télévisée britannique *Black Mirror*, qui évoque une *dystopie* avec

1 Cette forme d'évaluation des salariés définit, par avance, un ensemble de *quotas* en lien avec les performances à atteindre : 20 % des salariés dépassent les objectifs, 70 % les atteignent et 10 % n'y parviennent pas. Lorsque cette répartition n'existe pas il faut la créer de *force* en assignant artificiellement le bas du classement à certains.

2 Les consommateurs sont sollicités pour noter les produits, les services, ce qui revient souvent à noter une personne, en particulier avec les plateformes qui mettent en relation des faux *indépendants* et leurs clients. Dans certains cas, il y a une réciprocité de cette notation. Hormis le principe lui-même, la fiabilité de ce genre de notation est douteuse car non seulement elle est rapide, sur une expérience limitée, mais elle dépend de nombreux facteurs contingents.

une *notation sociale* des personnes, est révélatrice. Si d'ores et déjà il existe des formes de notation sociale des personnes en Chine, la fascination occidentale pour les méthodes de surveillance[1] qui y sont déployées est pour le moins inquiétante et ce, d'autant plus, que les mesures exceptionnelles prises par temps de pandémie, non discutées et indéfiniment prolongées, sont problématiques.

Néanmoins, le recours à ces indicateurs ne sauraient se limiter à la sphère privée (des firmes aux individus) et au management mis en œuvre dans ce cadre, car ces méthodes ont investi la sphère publique, précisément sous le nom de *nouveau management public* dont les effets pernicieux apparaissent chaque jour davantage[2]. Le glissement suspect des obligations de moyen vers des obligations de résultat, dans des domaines où précisément les résultats sont difficilement quantifiables, surtout à court terme, participe de cette évolution[3]. Plus généralement, l'obsession du chiffre se lit dans la multiplication des indicateurs dont la pertinence reste le plus souvent à montrer. La L.O.L.F. promeut des indicateurs « qui créent ainsi *ex nihilo* nombre de

1 Ainsi la ville de Nice utilise de façon *expérimentale* la reconnaissance faciale : une expérience qui peut durer.

2 Le recul, voire la disparition, des services publics en milieu rural le montre. S'il ne s'agit pas du déclencheur direct de la révolte des *gilets jaunes*, cet abandon du territoire rural est sans doute une cause profonde essentielle même si, paradoxalement, les mouvements de défense du service public n'y ont pas trouvé les appuis espérés, notamment parce que la réduction du nombre de fonctionnaires, et encore davantage sa présentation et sa justification, donnaient à croire qu'il n'en serait rien.

3 Cette tendance est à l'œuvre dans toutes les administrations : justice, police, santé, éducation, etc.

nouveaux espaces d'équivalence et de comparaison » [1] avec des effets non seulement contraires à ceux espérés par les populations, trompées par une communication fallacieuse[2], mais catastrophiques dans tous les domaines[3] : la paupérisation générale des services publics étant aujourd'hui crûment mise en lumière par la pandémie[4]. Sans davantage nous étendre sur ce point, soulignons par deux illustrations les décisions néfastes à l'origine des ravages : d'une part, dans la santé, avec la tarification à l'acte, avec des suppressions de lits dans les

1 *Supra*, chap. 1, § 3.2, p. 59.

2 Les dénigrements quasi permanents de la fonction publique, évoquée par son seul coût prétendument excessif, et des fonctionnaires, présentés, au mieux, comme peu efficaces et beaucoup trop nombreux, ont permis de légitimer, aux yeux de la population, des réductions de moyens en général (équipements, rémunérations) et de fonctionnaires en particulier, sur la base fallacieuse de potentiels gains d'efficacité : *mieux avec moins*. Le décalage entre la mise en œuvre des mesures et la visibilité de leurs effets a donné à croire que les réductions n'altéreraient pas la qualité (au sens de caractéristique et de niveau) des services publics, les diminutions en tous genres n'affectant la population que lorsque son quotidien est touché.

3 À côté du manque de moyens matériels et humains - la faiblesse de la dépense pour la justice l'illustre : en 2020, 72.53 euros par habitant, 0,21 % du PIB, en France contre 82.15 €, 0.30 % en Italie, 87.90 €, 0.37 % en Espagne et 140.73 €, 0.35 % en Allemagne (cf. C.E.P.E.J.) -, le peu d'attractivité de la fonction publique (conditions de travail et rémunération) pose non seulement un grave problème de recrutement (la police parmi d'autres) avec son corollaire, une baisse continue du niveau des exigences (éducation, formation, motivation) mais aussi celui des départs prématurés (la santé et l'éducation parmi d'autres) des personnels épuisés et découragés par les conditions de travail et le manque de reconnaissance.

4 La santé et l'éducation étant les exemples plus visibles.

hôpitaux publics, avec l'extension des déserts médicaux[1], et, d'autre part, dans la police, avec la politique du chiffre et la dégradation des conditions de travail couplée à une perte de sens par éloignement de ses missions[2].

Plus généralement, la perte de sens est en lien direct avec la possibilité d'assurer correctement les missions de services publics et, très souvent, avec une recherche illusoire de gains de productivité. Dans de très nombreux domaines cette quête est elle-même insensée puisque diminuer le temps accordé à chacun revient à baisser la qualité du service rendu[3].

Ce survol de l'utilisation néolibérale du nombre montre combien celui-ci peut contribuer à modifier les situations et les comportements, non seulement comme « outil de

---

1 Depuis le début de la pandémie, un certain nombre de lits d'hôpitaux ont été fermés.

2 La *politique du chiffre*, instaurée par Nicolas Sarkozy, a conduit à une focalisation sur certains petits délits (plutôt les consommateurs et petits vendeurs de drogue que le démantèlement des réseaux), vite constatés et résolus, qui fournissent de bons chiffres de *performance* au détriment d'activités essentielles pour assurer la paix publique : trafics criminels en tous genres, violences physiques, circulation exponentielle d'armes, développement du crack, etc. En outre, la dénaturation du travail des policiers, démotivés par les tâches qu'on leur demande d'accomplir et qui ne correspondent pas à la raison de leur engagement, conduit une augmentation des démissions, des *burn out* et des suicides (dysfonctionnements d'ailleurs pointés à l'Assemblée nationale en 2013 et 2017).

3 Les services publics comportent en effet de nombreuses activités dites de soins (*care*), dans un sens très extensif, lesquelles se caractérisent par une relation directe de personne à personne avec un temps consacré au service égal à celui dont chacun bénéficie. Dans ces conditions, à moyens constants, l'augmentation du nombre de personnes écoutées, prises en charge, traitées se fait au détriment de chaque personne. Du reste, ce trait se retrouve aussi dans certaines activités privées, avec les mêmes conséquences sur les acteurs.

gouvernement[1] et de preuve », mais encore par sa *dimension performative*.

Or, précisément nous proposons d'utiliser le chiffrage à d'autres fins : pour valoriser la *coopération*, tendre vers davantage de *cohésion sociale* et, finalement vers un *système social respectueux de l'écosystème* auquel les êtres humains appartiennent, même si souvent ils semblent n'en avoir plus conscience. En conséquence, transformer les comportements en matière écologique suppose de *subvertir le chiffrage* imposé par la finance et, plus généralement par le système capitaliste, avec leurs indicateurs performatifs fallacieux, en utilisant la preuve par le nombre[2] pour servir d'autres finalités, en comptant et en rendant visible ce qui a véritablement de la valeur. Autrement dit, il s'agit d'intégrer les limites d'un écosystème vivable en s'appuyant sur les structures existantes ou en s'inspirant d'outils qui sont déjà utilisés dans certains domaines, et finalement d'élaborer de nouveaux instruments et unités de compte tant aux niveaux micro que macro, afin précisément de relier les pratiques microéconomiques aux objectifs macroéconomiques et ainsi construire un système de quantification cohérent.

2. CONSTRUIRE UN SYSTÈME COHÉRENT

Dans une approche systémique, mettre des indicateurs au service d'objectifs suppose non seulement de saisir les relations entre les différents aspects mais de les donner à

1 Dans le vocabulaire actuel *gouvernance*, comme s'il s'agissait d'une entité comme les autres (*Supra*, chap.1, § 3.2, p. 59).

2 Selon la technique du judoka, utiliser la force de l'adversaire.

voir concrètement car, comme nous l'avons souligné, il faut précisément rompre avoir la juxtaposition de réponses ponctuelles, avec l'entretien de solutions illusoires, avec les présentations fallacieuses et lénifiantes.

Aujourd'hui, la sensibilisation de l'utilisateur final à la question de l'environnement est d'abord tournée vers les rejets occasionnés par l'utilisation des biens ou des services. Schématiquement deux aspects sont particulièrement soulignés, d'un côté la pollution générée par l'utilisation d'énergies fossiles, de l'autre, le devenir des déchets issus des consommations. Une perspective étroite qui ne permet d'aborder ni directement ni entièrement les questions fondamentales, à savoir les prélèvements sur la biosphère et la dégradation de l'écosystème. Pour autant, partir de la question environnementale, telle qu'elle se donne généralement à voir, des comportements encouragés et des solutions proposées, à condition d'élargir la focale et aussi de déconstruire, peut permettre d'affecter, et donc de mobiliser la population afin de mettre en œuvre des actions réellement efficaces pour répondre aux questions essentielles.

Ainsi, dans le domaine de la production, sauf exception[1], il n'existe rien d'obligatoire, de continu, de systématique, de rigoureusement contrôlé et donc de systémique indiquant clairement l'impact sur la biosphère. Comme la m*onnaie équivalent général* rend tous les flux du processus productif commensurables, en dernière analyse, d'une manière ou d'une autre, le rapport à

1 Des éléments épars existent : comptabilités énergétiques dans le bâtiment ; estimation du rejet de CO_2, etc.

l'écosystème est soumis à une logique de prix et la nature réduite à un ensemble de *marchandises fictives*[1].

Il s'agit donc de subvertir le chiffre et de mettre la science et les possibilités techniques au service de l'écosystème, non d'une fuite en avant[2]. Au contraire, il faut s'en servir pour rester dans les limites qui permettent de conserver un écosystème vivable pour les êtres humains. En d'autres termes, les capacités d'évaluation scientifiques relatives à l'écosystème, les possibilités informatiques de saisie et de traitement de données[3], les techniques de comptabilisation doivent être mobilisées pour construire un système d'*unités de compte spécifiques*.

2.1. Limiter les prélèvements

Hormis l'évocation du jour du dépassement, la question de la limite des prélèvements est rarement médiatisée. Au quotidien, seuls les méfaits indirects de l'utilisation des énergies fossiles sont évoqués en relation avec des questions sanitaires (particules fines, etc.) ou avec le changement climatique dont les conséquences sont toujours davantage visibles et graves.

Aussi la question de l'énergie est-elle essentiellement abordée dans une perspective de réduction de la pollution générée lors de sa production et de sa consommation, c'est-à-dire en considérant l'efficacité énergétique et la

1 Les droits d'émission en témoignent.

2 Aujourd'hui nous avons des connaissances et techniques dont nous ne disposions pas hier, il s'agit donc de les solliciter pour changer de trajectoire, non pour la poursuivre.

3 Cet aspect est important dans la construction d'un système cohérent en dépit du nombre considérable de données inhérent à la complexité du processus productif.

nature de l'énergie utilisée. Sous cet angle, les déplacements tiennent, à un double titre, une position très importante. S'ils sont clairement identifiés pour leur impact néfaste sur la biosphère, ils sont aussi intrinsèquement liés à nos modes de production et de vie. En d'autres termes, il s'agit d'une dimension essentielle de la société capitaliste : le mouvement, son augmentation et sa perpétuelle accélération[1]. Non seulement les valeurs sociales (agilité, mobilité, réactivité, etc.) mises en avant le montrent mais aussi concrètement toute l'évolution de l'organisation productive : exigence de retour rapide sur investissements, réduction du cycle de vie des produits, mobilités professionnelle et géographique, multiplication et accélération des flux issus de l'organisation mondiale du processus de production, elle-même contrôlée par des *firmes transnationales*, extension de la production sous tension, du travail à la chaîne aux flux tendus.

À l'évidence, sans mise en cause radicale du processus de production fondé sur l'augmentation et l'accélération sans fin des flux, le maintien d'un écosystème vivable pour les êtres humains est illusoire. Si cette question doit aussi être envisagée pour les déplacements des personnes, et d'abord ceux liés à l'organisation du système productif[2] , il faut aussi considérer ceux qui sont associés au mode de vie tant la mobilité imprègne nos imaginaires. Bien sûr, lorsque les déplacements ne s'effectuent pas en proximité immédiate, où pour la plupart la force musculaire[3] suffit, il n'est pas indifférent d'utiliser les transports en commun plutôt que la motorisation

---

1 *Supra*, 1.1, p. 76.

2 De façon générale, et pour diverses raisons, les lieux de travail et d'habitation se sont éloignés générant, parfois sur de longues distances, de nombreux déplacements quotidiens.

individuelle et, dans ce dernier cas, avec un véhicule sobre et partagé plutôt que seul dans une voiture lourde et énergivore afin d'augmenter l'efficacité énergétique, mais ces modalités n'évitent pas, en soi, l'*effet rebond*[1]. Si le rapport au déplacement ne change pas, tant dans le processus productif que dans le mode de vie, en dépit des gains en efficacité énergétique, il est vain d'espérer échapper au *paradoxe de Jevons*. Bien sûr, ce qui est vrai en matière de transport s'observe dans tous les autres domaines[2], une plus grande efficacité énergétique ne permet d'être globalement plus sobre que si parallèlement elle s'accompagne de l'abandon du *toujours plus*. Néanmoins, en matière de pollution, toutes les énergies utilisées ne sont pas équivalentes. Si dans l'utilisation des énergies fossiles, le problème du carbone généré est évident, la question se pose pour toutes les énergies dans la mesure où elles nécessitent toutes des équipements qui dans leur construction, voire leur démantèlement, demandent à la fois de l'énergie et des matières premières et d'autant plus que les structures de production énergétiques sont lourdes. Autrement dit, si à l'évidence il

3 La marche, le vélo ou autres moyens sollicitant l'énergie humaine sont non seulement économes en énergie à produire mais concourent à la santé car leur pratique régulière réduit les méfaits d'un mode de vie sédentaire.

1 Si le nombre de véhicules croît, si le nombre de kilomètres globalement parcourus augmente, les gains d'efficacité énergétique ne parviennent pas à freiner la consommation énergétique globale. *Supra*, chap. 1, § 1.2, p. 23

2 Si plus d'appareils ou de services sont utilisés, en amont, le processus productif exige plus d'équipements, de machines, de matières et de produits intermédiaires, aussi les gains en efficacité énergétique ne diminuent pas la consommation globale, au contraire.

faut abandonner les énergies fossiles du fait de l'*extractivisme* et de l'émission de carbone, sur les seuls mêmes critères[2], le nucléaire ne peut pas être considéré comme une alternative car il est aussi concerné par ces deux aspects : d'un côté, il nécessite d'extraire de l'uranium pour son fonctionnement ; de l'autre, l'édification des centrales réclame des matières fossiles[1], leur entretien et leur démantèlement exigent de l'énergie et l'ensemble du cycle génère aussi du carbone. Du reste, à des degrés divers, toute structure de production d'énergie (barrages, éoliennes, hydroliennes, capteurs solaires, géothermie, agrocarburants[2]) est concernée par le poids écosystémique de sa construction, de son entretien et de son remplacement. En d'autres termes, même lorsque l'énergie produite est effectivement renouvelable, comme l'impact de la structure elle-même sur la biosphère n'est pas négligeable, il convient de le réduire autant que possible, d'un côté, en privilégiant les structures pérennes, de petite échelle et de proximité, notamment pour éviter la déperdition[3] ; de l'autre, en réduisant la consommation

1 Y compris l'énergie nécessaire à la construction et à l'extraction des matières premières dont l'accès est toujours plus difficile, plus énergivore et plus destructeur.

2 Si en soi, tirer de l'énergie des sous-produits agricoles peut être judicieux, consacrer une partie des terres aux carburants plutôt qu'à la nourriture ou déforester dans ce même but contribuent à aggraver les problèmes non à les résoudre.

3 Non seulement des structures plus petites permettent, avec une empreinte écologique plus limitée, d'utiliser les possibilités locales mais la proximité relative est intéressante à plusieurs égards : l'impact de la structure de production énergétique est directement perçu par les utilisateurs qui peuvent aussi la contrôler en tant que citoyens en mettant en balance les choix de production et de consommation (énergie indispensable) ; les structures de transports

globale d'énergie, ce qui implique une transformation radicale de nos modes de production et de vie. À défaut, les solutions techniques mises en œuvre déplacent le problème, voire en créent de nouveaux comme l'illustrent les véhicules électriques. Non seulement, ceux-ci ne réduisent en rien la consommation énergétique globale mais rien n'indique qu'ils contribuent à réduire la pollution et l'*extractivisme*[1], plus probablement, par des déplacements, ils en créent l'illusion.

De façon générale, si l'objectif est de réduire le prélèvement des matières premières, y compris les énergies fossiles, non seulement en raison des dégâts occasionnés mais aussi pour certains usages futurs[2], il faut prendre en compte l'ensemble du processus de fabrication, c'est-à-dire l'outil de production lui-même, les autres matières intégrées dans le produit et celles nécessaires au fonctionnement, c'est-à-dire la consommation induite. Or, comme souvent, l'accent n'est pas mis sur ce qui est essentiel, les changements de comportements suggérés ne modifient pas grand chose. Plus grave, ils entretiennent

---

limitées évitent de trop grosses déperditions d'énergie et réduisent l'exposition aux phénomènes climatiques extrêmes.

1 *A priori,* rien ne permet d'indiquer la nature de la production d'électricité : aujourd'hui, en fonction des pays, énergies fossiles et nucléaire restent les plus probables. Par ailleurs, les batteries sont problématiques pour l'écosystème et la construction des véhicules électriques aussi : non seulement dans cette logique la réduction de leur nombre n'est pas envisagée mais, en soi, la fabrication de véhicules neufs en remplacement de véhicules encore opérationnels qui deviennent des déchets eux-mêmes énergivores pour un recyclage seulement partiel, laisse dubitatif.

2 Tout en prétendant s'intéresser au devenir humain, les discours lénifiants et technicistes n'évoquent jamais la nécessité de garder des matières fossiles pour le futur.

l'illusion qu'il serait possible de rester sur cette trajectoire mortifère, de ne rien changer, ou presque, au mode de vie. Le numérique l'illustre à l'envi dans la mesure où il est fallacieusement présenté comme porteur d'une *croissance verte*, immatérielle et décarbonée, ce qui est pour le moins très éloigné de la réalité. Non seulement, la production numérique ne se substitue pas à la production matérielle qui reste nécessaire à la vie humaine[1] mais elle a besoin de supports très tangibles, lesquels au demeurant ne la disqualifient pas *ipso facto* mais invite à l'interroger sérieusement. Si l'énergie nécessaire au fonctionnement des appareils utilisés par le grand nombre est la plus visible, elle ne représente qu'une petite partie de celle essentielle à son usage. L'ensemble du fonctionnement est assuré par des infrastructures matérielles lourdes, à la fois invisibles et très énergivores, lesquelles ont nécessité en amont une fabrication riche en matières fossiles et en aval des terminaux miniaturisés, de plus en plus sophistiqués, qui sont utilisés quotidiennement et renouvelés toujours plus rapidement. Si cette obsolescence pèse particulièrement sur les ressources, elle met aussi l'accent sur le déchet, une forme particulièrement visible de dégradation de l'écosystème.

2.2. Éviter les dégradations

Si la question des limites des prélèvements n'est presque jamais directement présente dans le quotidien, celle des dégradations l'est davantage par une sensibilisation, d'une part, à la pollution issue des énergies fossiles utilisées et, d'autre part, aux problèmes liés à l'eau,

1 La pandémie a rappelé cette évidence.

souvent de manière plus localisée ou indirecte[1]. Par ailleurs, la mise en place du tri de déchets et la promotion de l'*économie circulaire* sous-jacente portent implicitement une illusion : le recyclage permettrait de réduire significativement les prélèvements, les rejets et finalement la perpétuation du système productif. Si le tri et le réemploi des déchets sont indispensables, non seulement ils restent limités et insuffisants au regard des enjeux mais ils entretiennent insidieusement l'idée selon laquelle une action vertueuse individuelle[2], certes nécessaire, pourrait suffire à régler les problèmes et dispenserait d'une modification radicale des modes de production et de vie.

Tout comme la pollution issue de l'utilisation, à un titre ou un autre, des énergies fossiles, les rejets indésirables doivent être saisis à l'échelle systémique, précisément pour mettre des solutions radicales en œuvre. Dans ce cas aussi, il faut considérer sous cet angle non seulement toute la production, le transport lié ou non, la distribution, le conditionnement mais encore l'utilisation et, pour les équipements de production ou les objets de consommation, leur devenir ultérieur. Les rejets indésirables, indépendam-

1 Il peut s'agir de la pollution des nappes phréatiques due à une production industrielle, y compris agricole, ou d'une sensibilisation particulière, comme celle des pêcheurs constatant au quotidien les dégradations ou comme celle, plus indirecte, à l'ingestion fatale des plastiques par les animaux marins, etc. Néanmoins, en France et dans d'autres pays riches, l'été 2022 a davantage rendu visible la question de l'eau : sécheresses inédites, communes sans eau, etc.

2 La fameuse fable du colibri vertueux qui prend sa part. Si, en soi, elle n'est pas critiquable, et même souhaitable, exemplaire, implicitement elle valorise l'initiative de chacun au détriment de l'action collective, surtout elle réduit la responsabilité à sa dimension individuelle, certes importante, et fait perdre de vue l'aspect systémique.

ment de leur nature, relèvent de trois grands niveaux : d'abord, ceux involontairement mais nécessaire-ment[1] générés par le processus de production ; ensuite, ceux issus de la mise au rebut (installations productives, outils de production, objets d'usage) ; enfin, ceux directement liés à un système productiviste qui ne connaît pas de limites. Si ce dernier niveau est à l'évidence celui qui nous entraîne dans une trajectoire fatale, dans la pratique, il agit sur les deux autres niveaux et, de surcroît, joue un rôle essentiel dans l'*extractivisme* et tous ses effets induits. En ce sens, du point de vue de l'utilisateur, l'objectif *zéro déchet* contient une dimension réflexive que le simple tri des déchets ne porte pas car, en interrogeant le déchet à son niveau, il questionne généralement celle du rebut, le type de production qui le favorise et, finalement, plus ou moins, son mode de vie. *A minima*, le *zéro déchet* implique que de nombreux déchets pourraient être évités et que certains utilisateurs, sensibilisés à cette gabegie, préfèrent les productions qui en génèrent moins, voire dans certains cas, renoncent à des produits, sans se reporter sur d'autres. Au mieux, en remontant à leur source et donc à la production, il invite à interroger le système. Si dans le tri sélectif la dimension de réduction n'est pas forcément absente[2], il relève d'abord des idées de récupération, de recyclage et de transformation des déchets[3] portées par l'économie circulaire. Toutefois ce qui ne peut pas être valorisé dans un tel circuit doit être

1 Involontairement, au sens où ils n'apportent rien au processus de production, nécessairement au sens où toute transformation produit des rejets, à commencer par la dégradation énergétique relevée par la thermodynamique.

2 Le compostage est intéressant : il relève du tri, d'un *recyclage* naturel par absorption, donc aussi de la réduction.

réduit afin d'en faciliter la relative disparition, laquelle *a minima* génère encore des pollutions plus ou moins diffuses. Ainsi, en soi, le tri ne conduit ni à mettre les déchets en cause ni à interroger l'origine de leur augmentation, même si indirectement il produit pour beaucoup un sentiment de gaspillage diffus. D'une certaine manière, il donne à penser qu'il n'y a rien de fondamental à changer dans les modes de production et de vie si chacun trie consciencieusement ses déchets (une action vertueuse, responsable, rassurante et confortable), ce qui est évidemment faux, ne serait-ce que du fait de la déperdition inévitable de matière[1] et de l'énergie nécessaire à leur traitement. Par ailleurs, implicitement, tout se passe comme si le devenir de tous ces déchets domestiques relevait de la seule responsabilité individuelle ce qui est pour le moins réducteur[2]. Or, non seulement le transport, la distribution et le conditionnement des produits vendus génèrent de façon exponentielle des déchets, souvent sans utilité pratique, mais les objets eux-

3 En ce sens les déchets forment des *gisements de matières* qui peuvent éviter d'en extraire davantage.

1 Bihouix 2011, souligne les limites du *circulaire*. Il distingue quatre catégories de perte : à la source, par dispersion des matières (pigments, additifs, etc.) ; mécanique, par destination des produits (agrafes, clous, etc.) ; fonctionnelle, par inefficacité du recyclage (capacité limitée à récupérer les éléments dans des objets complexes entraînant une dégradation de l'usage), entropique (marginale) due à l'usage lui-même et à la perte au feu lors du recyclage

2 Il ne s'agit pas ici de nier la responsabilité individuelle en la matière, ou encore l'abandon de déchets sur la voie publique ou dans la nature, mais de souligner que la génération de ces déchets relève en amont d'un système qui, de façon générale, encourage le gaspillage et le jetable au point de l'avoir mis en scène dans des publicités. Du reste, la conception même des objets modifie les comportements et les valeurs. Jeanne Guien 2021.

mêmes sont de plus en plus rapidement mis au rebut[1]. Qu'il s'agisse d'usure prématurée ou d'une forme ou une autre d'obsolescence, la logique systémique du *toujours plus et plus vite* est à l'œuvre. Non seulement, la durée de vie des objets s'est réduite mais leur réparabilité aussi, sans même évoquer les prix du neuf tirés vers le bas, du fait de conditions de production écologiques et sociales délétères, lesquels n'incitent pas à la réparation. En conditionnant les esprits[2], l'obsolescence, crée une forme exacerbée de gaspillage car elle transforme en déchets des objets qui pourraient servir encore si artificiellement, d'une manière ou d'une autre, ils n'avaient pas été privés de leur usage. Ses formes sont diverses, plus ou moins visibles ou insidieuses : création d'un produit dont personne n'avait besoin ; propos présentant le objets déjà à disposition comme dépassés ; rupture de continuité[3] ; complications diverses, en réduisant ou ralentissant l'utilisation[4].

Si l'obsolescence est particulièrement révélatrice de la logique profonde du système[5], en rendant évidente

1 Ce constat montre que le concept d'*externalités négatives* ne parvient qu'à saisir la partie des méfaits en relation directe avec l'activité productive mais pas les effets systémiques d'un certain mode de production-consommation.

2 Latouche 2011. *Supra,* § 1.2, p. 90.

3 Plus de mise à jour de l'existant, plus de compatibilité, plus de pièces de rechange, etc.

4 Typiquement, un ordinateur ne peut plus fonctionner car il n'existe plus de mise à jour du système d'exploitation utilisé et celui qui est censé le remplacer est inadapté car son fonctionnement demande des caractéristiques techniques (processeur, mémoire, etc.) que l'ordinateur n'a pas.

5 Pour Serge Latouche, le publicité, l'obsolescence et le crédit sont essentiels au fonctionnement du capitalisme.

l'accélération des flux, le conditionnement qui la soutient, les objets inutiles et les déchets qui nous submergent, avec la prise de conscience des périls destructeurs et des limites d'un écosystème vivable pour les humains, elle peut aussi pousser à reconsidérer l'échelle de valeurs. Sachant que toute production génère des effets sur l'écosystème (prélèvements et rejets, plus ou moins nocifs), décider ce qui est réellement important revient à donner à l'économie, qui doit pourvoir à l'existence matérielle, le cadre écosystémique dans lequel elle doit assurer cette fonction.

Alors même qu'une revue exhaustive des prélèvements et des dégradations n'est pas ici de mise[1], une mention spéciale pour l'eau, indispensable à la vie humaine, doit être faite. D'une part, l'eau est une ressource fondamentale dans notre écosystème, en particulier pour les animaux et les plantes qui le peuplent, mais dont seule une petite partie est utilisable pour le maintien des êtres humains. D'autre part, le changement climatique, l'*extractivisme* et, plus généralement, l'activité humaine, particulièrement certains procédés industriels, y compris dans le domaine agricole, altèrent son renouvellement ou les nappes phréatiques. Autrement dit, l'eau est à la fois concernée par les prélèvements et les dégradations. À ce titre, alors même qu'elle est synonyme de vie, elle est directement affectée par notre organisation sociale.

En conséquence, modifier radicalement l'impact des modes de production et de vie sur la biosphère suppose de

1 Si cette tâche est indispensable pour la mise en œuvre concrète du dispositif proposé, elle revient aux scientifiques et techniciens spécialistes de ces questions. Notre propos vise ici à mettre en lumière suffisamment d'aspects pour expliquer en quoi il faut dépasser la manière de compter habituelle.

saisir, depuis le début de l'organisation productive jusqu'à l'utilisation finale des productions, tout ce qui est prélevé dans l'écosystème et tout ce qui y retourne sous une forme plus ou moins absorbable. La réduction de l'*empreinte écologique*[1] demande non seulement de savoir quelle est la part directement issue de l'activité productive[1] et sa répartition par domaine mais encore de décider d'un cadre plus économe et respectueux de la biosphère. L'économie qui a pour fonction d'assurer l'existence matérielle des êtres humains doit être contenue à l'intérieur des limites données par la biosphère. Ce qui signifie que dans le cadre contraint de l'écosystème les êtres humains doivent décider ce qui doit être produit (nature et quantité) pour satisfaire les besoins essentiels, la meilleure (ou la moins mauvaise) façon de les produire au regard de la biosphère, la répartition de ce qui est produit ; et aussi selon quel processus ces décisions doivent être prises.

Or, alors même que depuis un demi-siècle, nous savons qu'il est impératif de changer de trajectoire, en dépit des discours, nous avons persévéré dans la même direction, en accélérant le mouvement, jusqu'au bord du précipice. Un péril qui ne se lit pas dans les chiffres qui sont finalement valorisés, ceux exprimant l'activité économique sous une forme monétaire[2]. Dans ces conditions, dépasser cette

---

1 Une partie de l'énergie étant directement imputable aux déplacements individuels motorisés, liés ou non à l'organisation productive, ou à l'usage domestique : chauffage, climatisation, consommation électrique.

2 Le recul de l'activité enregistré du fait de la pandémie, ne change rien à la trajectoire, au contraire, pour l'instant l'objectif reste toujours le même : dans une fuite en avant mortifère, retrouver la croissance. En dépit des discours, tous les indicateurs alternatifs, toutes les données quantifiées des destructions, etc. ne comptent pas.

quantification fallacieuse revient à faire émerger ce que précisément celle-ci occulte en mettant concrètement en évidence les implications du système.

En d'autres termes, *compter autrement l'essentiel.*

2.3. Unités de compte spécifiques

Afin de rompre avec la logique de la *monnaie équivalent général* qui finit par tout réduire à un prix, il faut introduire des *unités de compte spécifiques* pour l'ensemble du processus de la production, des matières premières aux produits finis, en incluant les transports, les déperditions, les déchets et les pollutions. Autrement dit, il s'agit d'enregistrer les flux physiques en relation avec l'écosystème afin de soustraire les prélèvements et les rejets au seul calcul économique ordinaire, celui qui, en les rendant commensurables, permet leur réduction à un prix[1]. Les *unités de comptes physiques* donneraient ainsi le cadre à l'intérieur duquel des considérations étroitement économiques peuvent reprendre leur place. En termes polanyiens, il ne s'agit pas seulement d'œuvrer à des mesures protectrices issues d'un *contre-mouvement* mais, en considérant un cadre limité par des unités physiques, de *retourner l'encastrement*[2] : remettre l'activité économique à sa place seconde, non secondaire.

---

1 Ce qui ne signifie pas que les flux en lien avec la nature seraient gratuits, au sens monétaire, mais que ce prix serait une considération de second rang afin précisément d'empêcher de soumettre la nature à sa seule logique et de la réduire à une *marchandise fictive*, appelée *services écosystémiques*.

2 Dans le premier cas, il s'agit seulement d'atténuer les méfaits, dans le second, en envisageant la racine du problème, le changement est essentiel.

Le principe de base est simple : à chaque stade de transformation du système productif, attribuer à tous les flux identifiables, des unités physiques en relation avec la biosphère et nécessitées depuis l'amont. En d'autres termes, considérer le volume d'eau ou de bois prélevé, le poids des matières premières utilisées ou du carbone rejeté, etc. Les éléments pris en compte doivent s'articuler à deux niveaux du processus productif : les *entrées*, par une saisie directe des flux (matière, énergie, eau) ou indirectes (outil de production et consommations intermédiaires à partir de la sortie du producteur amont) ; les *sorties*, par un récapitulatif produit (ou service) avec les différents éléments permettant d'établir les entrées du producteur aval ou de l'utilisateur final. En outre, un cadre cohérent de régulation est nécessaire : seul un *dispositif obligatoire*, fondé en droit, peut lui conférer l'opposabilité juridique et empêcher une concurrence écologique délétère[1]. En conséquence, pour rendre visible ce que le chiffrage monétaire ne permet pas, c'est-à-dire *saisir la réalité de l'impact écosystémique*, cette optique propose de *prendre en compte obligatoirement*[2], d'un côté, les *prélèvements* divers sur l'écosystème et, de l'autre, les *rejets* polluants et les *déchets* dans leur diversité[3].

---

1 Au sens de réduction des prix en sacrifiant la nature.

2 L'aspect obligatoire est essentiel. Faire appel au sens moral et à la bonne volonté individuels n'est pas efficace, la R.S.E. le montre à l'envi, *Supra*, introduction, note, p. 14. Il s'agit de créer les *structures* qui organisent socialement les *conditions de la vertu*. À défaut, non seulement les plus vertueux sont pénalisés mais l'illusion de l'action positive, avec sa communication et ses indicateurs fallacieux, est encouragée au détriment des comportements réellement vertueux.

3 *Infra*, chap. 3, § 2, p. 154.

Il va sans dire que pour les matières premières, l'essentiel des flux est intégré dès les premiers stades de transformation du processus productif. À titre d'illustration, une scierie prendra d'emblée en compte le volume de bois pour chaque essence achetée, volume qui sera répercuté en aval sur les planches débitées et vendues. Pourtant même dans ce cas, il faudra aussi intégrer le flux énergétique amont nécessaire au transport du bois, à son abattage et à la plantation de jeunes pousses destinées au renouvellement de la forêt. Autrement dit, les stères de bois achetés conduisent à la saisie de la quantité physique de bois prélevé, d'énergie nécessaire à son prélèvement, au transport et à la reproduction du bois ainsi qu'une part des matières et énergies nécessaires à la fabrication de l'outil de production. En aval, l'achat des planches débitées impliquera la prise en compte du volume de bois utilisé avec tous les éléments attachés saisis en amont, auxquels dans la suite des processus de fabrication viendront s'ajouter, à chaque stade, la quote-part d'énergie, de matières, d'outil de production nécessaires à la transformation, au transport ... et ainsi de suite... jusqu'aux produits finis.

Concernant les rejets : pollutions et déchets non utilisables. Chaque stade de fabrication donnera lieu à l'intégration des siens. Dans l'illustration précédemment choisie, il s'agit essentiellement des polluants atmosphériques, notamment le carbone.

Finalement, pendant tout le processus de transformation, des produits intermédiaires jusqu'aux produits finis, un code barre, ou tout autre dispositif similaire simple, caractérisera chaque objet, en précisant, d'une part, la nature et la quantité des *prélèvements* sur l'écosystème nécessaires à sa production et son transport et, d'autre part, les quantités de *rejets* polluants divers vers la biosphère, générés par tout le processus, y compris son devenir après usage[1]. Autrement dit, les implications écosystémiques sont saisies en même temps que le prix et peuvent donc, de la même manière, être intégrées et ventilées, tout au long du processus productif.

Alors que le principe de base est simple, sa mise en œuvre exige une connaissance fine des processus de production des différentes branches d'activité. Si, dans certains cas, celui-ci nécessite de nombreux intrants, toute firme à la gestion rigoureuse connaît d'ores et déjà les quantités de matières premières, les produits semi-finis ou finis utilisés dans sa production. De même, elle sait quel outil de production et quelles énergies sont nécessaires à son processus productif. Par ailleurs, lorsqu'une réglementation précise existe et qu'elle la respecte, elle dispose aussi des éléments relatifs à ses rejets. En d'autres termes, certains éléments physiques que nous proposons de prendre en compte séparément sont déjà connus ou pourraient facilement l'être si les *intrants* étaient eux-mêmes caractérisés d'un point de vue écosystémique.

En revanche, ce qui n'existe pas encore est un processus de répartition cohérent de tous ces éléments physiques sur les produits qui sont vendus. Si la tâche est relativement simple pour la fabrication d'un seul type

1 Ce dernier aspect devra être intégré dès la conception des produits et pris en compte dès le début du processus afin de valoriser les produits durables, démontables, réparables et recyclables et pourra faire l'objet d'un traitement particulier comme certaines productions soumises à des normes de sécurité ou de santé. En d'autres termes, avant toute fabrication, les matériels devront être évalués selon ces critères et, dans certains cas, interdits.

d'objet, elle se complique lorsque dans la même unité de fabrication il existe une certaine diversité de produits. Néanmoins, une firme qui veut connaître précisément le coût d'un produit est confrontée à la même difficulté pour répartir les différentes charges de production. Dans cette optique elle utilise la comptabilité de gestion.

En conséquence, à condition d'avoir fait une analyse rigoureuse en amont, il n'y a pas de réelle difficulté technique à prendre en compte et à répartir les unités physiques liées à l'écosystème, et d'autant moins que l'informatique permet la saisie rapide des données et la répartition automatique de celles-ci par produit. Pour autant, cela ne signifie pas que la mise en œuvre soit aisée car sa réussite dépend d'un certain nombre de conditions sur lesquelles nous reviendrons. Bien entendu, pour faciliter la mise en œuvre, chaque fois que possible il s'agit de s'appuyer sur les travaux déjà menés[1], le cas échéant d'établir des hiérarchies dans la mise en œuvre en fonction de l'urgence[2]. Tout en gardant à l'esprit que le changement de trajectoire est devenu impératif, que différer encore des actions radicales réduit les possibilités ultérieures.

Évidemment, ce canevas n'empêche ni d'adapter la mise en œuvre en fonction de situations particulières[3], ni de corriger, ni de perfectionner, ni d'élever progressivement les exigences écologiques[4]. Si ce cadre technique

1 NÉGAWATT, A.D.E.M.E, etc.

2 La situation est telle qu'il devient difficile d'établir des priorités. Néanmoins, toutes les matières premières ne peuvent pas être mises sur le même plan.

3 La question de la taille ou du statut juridique des entités sera abordée ultérieurement. *Infra,* chap. 3, § 1, p. 141.

4 Un cadre législatif national n'empêche en rien plus d'exigences au niveau des régions, d'une branche d'activité, voire d'acteurs (à

parvient à compter autrement les implications des activités humaines sur l'écosystème, et à ce titre donne des informations indispensables pour exercer des choix et des outils concrets pour infléchir la trajectoire, il reste à décider d'un aspect non moins essentiel : les processus selon lesquels se prennent les décisions.

3. Cadre obligatoire et démocratique

> « Il n'est pas nécessaire de faire observer que l'état stationnaire de la population et de la richesse n'implique pas l'immobilité du progrès humain. Il resterait autant d'espace que jamais pour toute sorte de culture morale et de progrès moraux et sociaux ; [...] pour améliorer l'art de vivre et plus de probabilité de le voir amélioré lorsque les âmes cesseraient d'être remplies du soin d'acquérir des richesses. Les arts industriels eux-mêmes pourraient être cultivés [...], avec cette seule différence, qu'au lieu de n'avoir d'autre but que l'acquisition de la richesse, les perfectionnements atteindraient leur but, qui est la diminution du travail. »[1]

Comme le souligne Jany-Catrice « les indicateurs sont d'abord des outils politiques avant d'être des constructions, et des productions techniques »[2], même si souvent cette dimension n'est pas explicite, ou insuffisamment. Pour les comptes que nous proposons de mettre en œuvre, elle est évidente, puisqu'il s'agit d'un *retournement de l'encastrement* qui non seulement soumet l'activité économique aux limites de l'écosystème mais

---

l'instar de l'ancienne hiérarchie législative du travail).

1 J.S. Mill, 2014, p. 141-2.

2 Florence Jany-Catrice, 2009.

encore aux autres choix d'une société donnée[1] en les intégrant d'une manière ou d'une autre.

Après avoir montré l'incapacité à changer de trajectoire depuis un demi-siècle et son corollaire - la nécessité d'appréhender différemment l'écosystème - , nous avons proposé un système de prise en compte basé sur des unités physiques afin de sortir d'un équivalent général inefficace précisément parce qu'il rend commensurable ce qui ne l'est pas. Les grands principes d'une telle modalité énoncés, il reste à préciser son cadre général. En d'autres termes, en intégrant les limites clairement perçues, il faut donner les objectifs pour une nouvelle trajectoire ; articuler les choix qui ressortent du collectif et ceux qui doivent rester individuels ; rendre le cadre explicite et intelligible pour que sa mise en application soit légitime et puisse être démocratiquement approuvée.

3.1. Objectifs sous contraintes

Si le *jour du dépassement* ou l'*empreinte écologique* médiatisent le non respect des limites à l'échelle d'un pays, si des outils existent pour approcher l'empreinte individuelle[62], il manque tout ce qui conduit de l'une à l'autre. Sauf à admettre que toutes les possibilités de choix individuels sont indépendantes d'une situation, d'un collectif et, encore davantage, d'un système, il faut impérativement appréhender les choix au niveau politique.

1 Si toute société est confrontée aux limites, ses choix peuvent conduire à des organisations différentes.

Aujourd'hui, l'Union Européenne[1] ne propose ni les institutions ni un fonctionnement qui rendent un tel cadre possible. Il faut donc l'envisager nationalement[2].

Cerner concrètement la contrainte écosystémique revient à saisir les objectifs matériels à atteindre. Connaître précisément l'impact de l'organisation productive permet de prendre les problèmes à la racine afin de réduire l'écart, entre l'existant et le nécessaire, et de s'en donner les moyens. Autrement dit, pour une société donnée, tendre vers une économie économe qui préserve la biosphère, a pour corollaire de mettre la contrainte écosystémique avant la contrainte budgétaire[3], ou encore de placer le qualitatif avant le quantitatif[2]. L'histoire nous fournit ce genre de hiérarchie. Ainsi, dans cette perspective, l'organisation des *métiers*, en dépit de ses limites sociales, est intéressante. Une analyse sérieuse du fonctionnement économique montre cette réalité que, depuis le XIXe siècle, les regards dépréciatifs ont occultée avec l'expression lapidaire et dépourvue de sens, de

---

1 La malfaçon originelle de l'U.E., construite sur une base économique, et plus précisément marchande, plutôt que sur la culture, apparaît aujourd'hui clairement, notamment dans le manque de solidarité : traitement de la Grèce, des migrants, de la pandémie, etc. ; même si les dysfonctionnements toujours plus flagrants étaient à l'œuvre depuis longtemps. À cet égard, les blocages structurels sur les questions fiscales et sociales sont très illustratifs. En outre, si la question démocratique se pose au niveau de chaque État, elles est encore plus flagrante pour l'U.E.

2 Au demeurant rien n'empêcherait l'U.E, voire tous les pays européens, et au-delà, de s'en saisir.

3 Pour autant, cela ne signifie pas que celle-ci soit secondaire mais seulement seconde tant pour les entités que les individus. Du reste, la question des inégalités notamment monétaires n'est elle-même pas étrangère au propos.

monopole collectif. Si en soi l'utilisation du terme de *corporation* plutôt que *métier* est significative de cette dévalorisation, la juxtaposition oxymorique utilisée pour qualifier leur fonctionnement économique renforce le trait, n'éclaire rien[1], au contraire : elle tait l'essentiel, une *qualité minimale* exigée et un *prix maximum* autorisé. À l'évidence, dans cette conception, non seulement le produit ne se réduit pas à un prix mais, par avance, celui-ci est limité pour qu'il ne puisse pas devenir exorbitant[2] : un mode de régulation très éloigné de la *coordination marchande.* Pour notre propos, l'*aspect qualitatif* est central puisque précisément la production-vente n'est autorisée que si un certain niveau est atteint. Or, prendre en compte les unités physiques agit dans un sens analogue : *rendre la production économe de la biosphère est un objectif qualitatif.*

Aussi les modalités organisationnelles concrètes nouvelles peuvent-elles s'inspirer, en les reconsidérant pour en tirer le meilleur, de pratiques anciennes comme s'appuyer sur des expériences contemporaines qui

---

1 Le terme de *corporation* est négatif au point d'être encore et toujours utilisé dans un sens péjoratif. Par définition, un *monopole* désigne un seul producteur ou vendeur, il ne peut donc pas être *collectif.* Sans doute, en soi, pour des promoteurs inconditionnels de la concurrence, le mot est-il en toute circonstance négatif. Du reste, ces derniers cherchent, en toute situation, à introduire de la concurrence, y compris lorsqu'il s'agit d'un *monopole naturel.*

2 Cette façon de voir peut être rapprochée de la notion de *juste prix* utilisée au XVIIIe siècle lorsque des citadins arraisonnent les bateaux chargés de blé et imposent une *taxation,* c'est-à-dire, dans le terme d'alors, un prix jugé raisonnable. Dans une perspective de *coordination marchande,* le monopole est particulièrement craint parce qu'il fait du monopoleur un faiseur de prix (*price maker*), c'est-à-dire qu'il décide seul de son niveau, généralement élevé.

cherchent localement à prendre en compte l'aspect qualitatif ou encore, plus généralement, à faire émerger des fonctionnements sociaux radicalement différents.

En soi, la contrainte écosystémique n'est pas plus pesante que la contrainte budgétaire pour la plupart des êtres humains de la planète, même dans les pays les plus riches, et, sans doute, pour de très nombreuses entités, la situation est identique. Toutes les structures ont toujours des objectifs sous diverses contraintes : techniques, météorologiques, législatives, sanitaires, de délais, etc. et bien sûr, aussi la contrainte budgétaire, particulièrement chère aux économistes. Pour les entités, publiques ou privées, dans leur diversité, les choix sous contraintes sont des réalités quotidiennes directement liées à leur devenir et auxquelles elles doivent se plier. De façon générale, la difficulté résulte plutôt de contraintes différentes, en particulier dans la même activité[1]. Or, la mise en œuvre de comptes physiques vise justement à établir le même cadre général avec une déclinaison adaptée aux différentes activités. Par ailleurs, hormis pour les plus riches, pour beaucoup la contrainte budgétaire est très prégnante. Néanmoins, sauf à nier l'égalité des êtres humains, elle comporte une différence de taille car la plus élémentaire des justices veut que chacun soit considéré de la même manière au regard de la biosphère. Aussi s'agit-il de *répartir la contrainte écosystémique*, et de s'en donner les moyens ; en soi, un changement radical[2].

---

1 Cette inégalité est patente en matière fiscale et, plus généralement, lorsque les règles sont adaptées aux firmes dominantes.

2 Aujourd'hui non seulement les plus pauvres subissent en premier les conséquences des atteintes à la biosphère, notamment par les effets sur leur lieu d'habitation mais la lutte contre la dégradation de l'écosystème, sous coordination marchande, prend essentiellement

Construire un système de coordination compatible avec l'écosystème revient à se donner, d'une part, des objectifs, c'est-à-dire entrer dans une trajectoire de réduction des prélèvements et des rejets, à partir de plafonds annuels à ne pas dépasser, voire à progressivement réduire, et, d'autre part, les moyens matériels et humains de les atteindre, de les saisir et de les contrôler.

L'obligation et le contrôle extérieur, et bien sûr les moyens humains et matériels *ad hoc* nécessaires, sont essentiels car précisément ils font défaut aujourd'hui. Il s'agit de rompre avec le mythe de la R.S.E., y compris dans sa dimension environnementale, ou tout autre dispositif fondé sur le seul volontariat[3]. L'observation montre qu'il est illusoire d'en attendre des effets significatifs : en toute logique, pour une firme à but lucratif[1], en dernière analyse, il est essentiel de maintenir sa rentabilité ou sa pérennité. S'il n'est pas question ici de mettre en doute la bonne volonté de certains dirigeants, force est de constater que, sauf dans des situations très particulières, nécessairement marginales, cette attitude n'est pas tenable précisément du fait de la pression des prix[2]. Encore faut-il souligner que certaines firmes, et

---

la forme de contraintes monétaires. Dans ces conditions, selon la même logique que les taxes indirectes, l'effort décroît lorsque le revenu augmente.

1 Si pour ces firmes ce constat relève de l'évidence, il n'est pas certain que le comportement soit plus vertueux dans d'autres entités car les *normes dominantes* imprègnent l'ensemble de la société.

2 La même remarque pourrait être faite pour les conditions sociales. Si la loi n'impose pas ou si les contrôles du respect de la loi sont faibles, voire inexistants, faute de moyens humains, ce qui revient au même, les firmes qui proposent de meilleures conditions ou qui respectent la loi, sont pénalisées lorsque la concurrence prix est rude.

particulièrement les plus grandes, développent aussi des stratégies de communication, notamment financières, à partir de la question de l'environnement avec la mise en avant d'indicateurs obscurs et incontrôlables. Il s'agit aussi d'en finir avec la multiplication des pseudo engagements invérifiables et, d'une façon générale, avec le *greenwashing* car non seulement rien ne s'améliore pour l'écosystème mais, outre la perte d'un temps précieux et l'illusion d'actions préservant la biosphère, cette façon de maintenir encore un système délétère aggrave toujours l'exploitation et les rejets[1].

Dans ce cadre, il revient au producteur amont de fournir les éléments dûment prouvés et d'en permettre le contrôle, y compris à l'international, dans les cas où cette notion garde sa pertinence. Aujourd'hui la division mondiale du travail organisée par les *firmes transnationales*, rend la notion de commerce international partiellement caduque car une grande partie de la circulation des productions s'effectue à l'intérieur des grands groupes qui, pour faire baisser leurs coûts, mettent en concurrence[1] tous les acteurs, y compris les pays eux-mêmes. En conséquence, cette position dominante permet d'externaliser de nombreux coûts[2], d'exercer une pression à la baisse sur les

1 Les *firmes transnationales*, souvent elles-mêmes en situation de monopole ou d'oligopole, mettent en concurrence, d'une part, les pays pour obtenir un cadre législatif non contraignant (droit environnemental, du travail et fiscalité), la prise en charge d'infrastructures nécessaires à leur activité, voire des subventions ou aides à l'installation et, d'autre part, les acteurs des différents pays, notamment par une pression accrue sur le travail et les petites entités.

2 Ces coûts dépassent les seules externalités négatives, les plus directes, habituellement considérées. Du reste, comme nous l'avons souligné, non seulement cette externalisation déborde les seuls

conditions de travail, les salaires, les prix exigés des producteurs situés en amont[1], et plus généralement, sur le cadre législatif avec des effets écosystémiques et sociaux délétères.

Dans tous les cas, qu'il s'agisse d'importations ou d'exportations, au sens propre, ou de transferts dans le système productif mondialisé des firmes, la logique reste la même : celle d'un arbitrage fondé pour l'essentiel sur les coûts de production les plus bas, avec un corollaire catastrophique, la multiplication des transports[2]. Pour autant, cela ne signifie pas que toute la répartition mondiale des productions suive ce schéma : certaines s'expliquent par un différentiel de productivité[3] ou encore pour pallier les manques, typiquement des matières premières ou encore certaines productions agricoles, mais pas toutes, loin s'en faut. En conséquence, la nécessité de réduire les transports énergivores, entraîne logiquement la diminution de la circulation des ressources, des produits et des déchets. Ce qui peut être produit ou transformé

---

méfaits économiques, mais elle relève de l'incommensurable : dégradation de l'environnement, y compris au sens biosphère, de la santé, du mode de vie, etc.

1 Cette domination sur les fournisseurs s'exerce aussi dans le cadre national : la pression de quelques grands groupes de distribution sur les prix exigés, en particulier des agriculteurs, le montre à l'envi.

2 L'invention du conteneur (ou container) au milieu des années 50 et surtout le développement de son usage dans les années 80, avec des porte-conteneurs géants, a joué un rôle déterminant dans la mondialisation de la production.

3 Si les partisans du libre-échange se réfèrent souvent à Adam Smith ou David Ricardo, non seulement ils oublient leurs réserves et leurs hypothèses mais aussi la nature de leur raisonnement élaboré sur la base de la valeur travail : l'échange doit permettre des gains de productivité. J.S. Mill abordera la question de l'appropriation de ce surplus.

nationalement, voire plus localement, doit l'être, et d'autant plus que la proximité permet un contrôle citoyen. En d'autres termes, et particulièrement sur des grandes distances[1], les échanges qui restent nécessaires doivent être organisés raisonnablement[2], sur un mode coopératif plutôt que concurrentiel. Dans tous les cas, le respect d'un cadre écosystémique et social qui englobe l'activité, rend toute concurrence par les prix plus juste et vertueuse[3] car elle rompt avec l'exploitation sans vergogne de l'écosystème et des hommes pour tirer les prix vers le bas.

Pour les produits qui entrent dans le territoire national, la saisie des unités physiques, permet non seulement d'appréhender la relation à l'écosystème du pays producteur mais aussi de restituer à chaque pays l'empreinte qui lui revient véritablement. Au regard de la biosphère, localiser ou relocaliser les productions, en particulier les plus polluantes, permet de les réduire, de les rendre moins nocives et plus vertueuses, c'est-à-dire de les cadrer non seulement par le contrôle mais aussi par la proximité entre les usages et les méfaits générés.

Bien entendu, dans un souci de réciprocité, d'exemplarité et d'égalité avec les productions à destination interne, les produits qui sortent du territoire sont pourvus des mêmes informations. Comme il importe

1 En ce sens les cercles concentriques imaginés au XIXe siècle par Von Thünen pourrait être aujourd'hui détournés pour l'énergie nécessaire aux transports. Du reste, les propositions de taxe kilométrique reposent sur cette idée.

2 Raisonnablement, et non sur la base de la *rationalité* étroite de l'*homo œconomicus*, en privilégiant les transports les moins énergivores et les énergies renouvelables (chaleur du soleil, force du vent, de l'eau, etc.).

3 La *concurrence loyale* du droit correspond à une définition précise, plus restreinte.

d'initier un cercle vertueux par des productions respectueuses de la biosphère, les unités physiques utilisées ne sont pas décomptées, au moins tant que les autres pays n'adoptent pas de leur côté le même genre de comptes. Le monde entier étant concerné par l'écosystème, les comportements ne sont jamais trop vertueux. Une telle contribution à la sauvegarde de la planète serait plus utile et généreuse que des pseudo-aides au développement[1].

La protection de l'écosystème nécessite des actions rapides que l'absence de cadre écosystémique mondial, et plus généralement supranational[2], ne doit pas freiner, aussi la question doit-elle être saisie à l'échelle de chaque pays en utilisant les leviers disponibles afin d'articuler les objectifs macros et les pratiques micros. Cette mise en œuvre implique à tous les niveaux, non seulement des informations fiables et contrôlables mais aussi des outils de régulation alliant collectif et individuel.

3.2. Choix collectifs et préférences individuelles

> « On a essayé de suggérer ici que la production et la circulation des indicateurs statistiques du monde social faisaient partie des signes conventionnels par lesquels une société se représente et agit sur elle-même. Mais ils sont souvent encore présentés, au moins dans les réseaux d'énonciation les plus externes [...] selon un modèle métrologique réaliste issu des sciences de la nature du XIXe siècle. Or, même dans ces sciences, ce modèle est

1 Avec de telles prémisses, les discussions et les accords internationaux visant à organiser les échanges seraient radicalement différents des accords de libre-échange ou des principes, règles et fonctionnements de l'O.M.C.

2 Toutes les zones intégrant à des degrés divers plusieurs pays.

> discuté, ou plutôt inséré dans des contextes de controverses et de négociations, comme le montre la sociologie moderne des sciences et des techniques. [...] la science et la démocratie auraient à gagner à une remise à jour des conditions sociales d'énonciation des indicateurs, dans la recherche et dans l'espace public. »[1]

Définir démocratiquement les grandes priorités qui s'imposent, suppose d'œuvrer dans deux directions. D'un côté, abandonner tout ce qui relève du fallacieux et de l'inefficace : pseudo autorégulation des grandes firmes, obligations dépourvues de sens, autoritarisme à défaut d'autorité légitime, mesures manifestement injustes[2]. De l'autre, promouvoir des données claires, comprises, vérifiables afin que le plus grand nombre, dûment éclairé, consente et contribue activement à la protection de l'écosystème.

Les grandes hiérarchies supposent des choix collectifs à plusieurs niveaux démocratiques. D'abord, il faut envisager les grandes orientations à l'échelle du pays, c'est-à-dire les biens publics ou quasi-publics qui relèvent du commun[3] : écosystème, justice, défense, police, santé,

---

1 Alain Derosières, *ibid.*, chap. 11, (35). Il précise : « un secteur réflexif, pour qui les modes de construction et de négociation des savoirs socialement acceptés font partie de l'objet même de la science.»

2 De la R.S.E. au refus de considérer les demandes légitimes des acteurs qui ne disposent que de peu de moyens d'action et d'un faible pouvoir de négociation, contrairement aux *firmes transnationales*, le cas le plus évident. Par ailleurs, la perception de l'injustice est profondément ancrée chez les êtres humains. Didier Le Bret Didier, 2022. Coralie Chevalier et Mathieu Perona, 2022.

3 Si d'emblée, le terme public s'applique au niveau de l'État, pour s'ajuster au mieux, il doit aussi se décliner aux échelons démocratiques intermédiaires qui existent déjà ou, parfois

éducation, culture au sens large, etc. En d'autres termes, décider le plus démocratiquement possible[1] des véritables priorités afin que la cohérence d'ensemble et le respect de l'égalité soient assumés au niveau national, aujourd'hui le plus pertinent pour les garantir. Ensuite, il s'agit de répartir les ressources et les efforts sur tout le territoire non seulement au regard de l'importance de la population mais aussi en fonction de la spécificité des territoires afin de veiller à l'égalité de traitement des habitants.

Pour autant, cela ne signifie pas, *ipso facto*, un processus descendant. Des échelons démocratiques intermédiaires[2] doivent jouer un rôle important dans le processus de décision : non seulement afin de préciser les particularités à intégrer mais aussi pour mettre concrètement les actions en œuvre, pour adapter et accompagner au mieux ce qui existe déjà.

Par ailleurs, toutes les activités en prise directe avec la biosphère - sauvegarde des espaces naturels[3], agriculture

---

demandent à être reconsidérés.

1 Alors que cet aspect dépasse notre propos, il est un élément important du changement de trajectoire. Les modalités démocratiques concrètes restent à préciser, même si des pistes existent déjà.

2 Si la commune s'impose comme un acteur de base évident, les autres strates méritent pour le moins d'être discutées car les communautés de communes posent de gros problèmes démocratiques et la pertinence du découpage actuel des régions interroge. Lorsque l'écosystème trouve une place dans la sphère politique, des propositions de territoires cohérents émergent : régions fondées sur des critères géographiques et culturels, sur les bassins versants, biorégions ou encore une échelle plus ajustée, entre le départemental et le régional actuel.

3 Employer le terme de nature est toujours problématique. Dans ce cas précis, il peut donner à penser qu'elle est extérieure aux êtres humains alors que ceux-ci appartiennent à la biosphère, même si

paysanne, gestion des forêts et, plus généralement, des ressources et des déchets - occupent une place essentielle qu'il s'agit d'articuler à tous les niveaux. La biodiversité concerne tout le territoire et ne saurait se limiter à une réserve. Si la préservation d'espaces naturels est nécessaire, la diversité biologique concerne aussi les domaines forestiers, agricoles, voire dans une certaine mesure urbains[1], qui mettent en relation directe l'activité humaine et l'écosystème : d'une part, les prélèvements et les dégradations ; de l'autre, les possibilités d'amélioration. Par ailleurs, la proximité de la production de ressources, en particulier énergétiques ou destinées à la satisfaction des besoins alimentaires, et de la gestion des déchets permet de réduire les transports, d'accroître la sécurité et de faciliter la mise en œuvre de choix communs raisonnables et cohérents. Enfin, comme changer de trajectoire implique de produire autrement, notamment de se déprendre des matières fossiles, tous ces domaines auront des besoins importants en main d'œuvre, y compris de manière saisonnière[2].

De toute évidence des données fiables sont nécessaires pour que les citoyens puissent intégrer la contrainte écosystémique en prenant démocratiquement des décisions raisonnables qui s'imposent à tous. Pour autant, ce cadre

---

selon les endroits leur présence effective est extrêmement variable.

1 La diversité des arbres plantés et les coupes raisonnées sont essentielles pour les forêts. La multiplicité des plantes et des variétés améliorent la résilience : résistance aux maladies, adaptabilité, qualité des sols, etc.

2 Peut-être faudrait-il imaginer des périodes de service civique écosystémique obligatoire et rémunéré ? En particulier en direction des domaines liés à une alimentation humaine respectueuse de la biosphère et de la santé ?

obligatoire pour tout ce qui relève du collectif, n'épuise pas la question des choix dont certains appartiennent à chacun. En d'autres termes, sous contrainte écosystémique, des décisions sont d'ordre collectif mais d'autres relèvent des préférences des individus qui doivent conserver une certaine liberté de choisir[1]. Puisque le changement de trajectoire nécessite la coopération du plus grand nombre, il demande impérativement de rétablir la confiance.

3.3. Confiance et coopération

> « Quand tout le monde vous ment en permanence, le résultat n'est pas que vous croyez ces mensonges mais que plus personne ne croit plus rien [...]. Un peuple qui ne peut plus rien croire ne peut se faire une opinion. Il est privé non seulement de sa capacité d'agir mais aussi de sa capacité de penser et de juger. Et avec un tel peuple, vous pouvez faire ce que vous voulez .»[2]

Après quarante ans de néolibéralisme, le court-termisme, la marchandisation, le dogme de la concurrence, les conflits d'intérêt, la prééminence de l'intérêt individuel sur l'intérêt général, etc. ont gravement atteint le sens du commun, de la coopération, de la continuité et bien sûr la confiance.

En conséquence, il est urgent de recréer les *conditions structurelles de la vertu*.

---

1 Si une analogie avec la contrainte budgétaire est pertinente, la contrainte écosystémique s'en différencie aussi de manière nette car, dans notre proposition, chacun se soumet à la même. *Infra,* chap. 3, § 3, p.172.

2 Hannah Arendt, 1974, entretien avec Roger Errera.

> « Les hommes naissent et demeurent libres et égaux en droits. Les distinctions sociales ne peuvent être fondées que sur l'utilité commune. »[1]

En d'autres termes, il s'agit d'œuvrer à des conditions démocratiques qui permettent d'agir en clarifiant le processus de décisions, entre autres[2], par la promotion d'une utilisation rigoureuse et éclairée des nombres pour rompre avec une logique calculatrice étroite porteuse d'une trajectoire mortifère, chaque jour plus évidente.

> « La quantification est un outil puissant de la pensée humaine. [Mais] du fait de la logique ultralibérale, la loi est placée sous l'autorité d'un calcul. C'est une restriction du périmètre de la démocratie. »[3]

Si aucun dispositif n'est parfait, si la mise en œuvre implique des étapes, à chaque niveau, l'adhésion et la coopération des citoyens sont essentielles et supposent avant tout des objectifs clairs, une logique évidente et des efforts partagés. Ainsi, non seulement rien n'empêche de saisir, à côté de flux monétaires, des flux physiques, mais

---

1 Art. 1[Er], Déclaration des droits de l'homme et des citoyens de 1789.

2 La séparation claires des pouvoirs, l'interdiction du pantouflage et du rétro-pantouflage, la sanction des conflits d'intérêts, la récupération de l'autorité sur les *firmes transnationales*, la lutte contre l'optimisation et l'évasion fiscales. En d'autres termes, s'attaquer à tous ces aspects non seulement créateurs d'inégalités et d'injustices mais qui sapent le commun, la capacité d'agir ensemble dans une direction démocratiquement choisie.

3 Supiot, *Ibid.*. L'introduction d'une indemnité maximale en cas de licenciement illustre le propos puisqu'il est ainsi possible de calculer, par avance, le coût d'une décision entraînant des licenciements abusifs au regard de la loi.

rien ne contrevient à la mise en œuvre des obligations écologiques, à l'instar des obligations fiscales. Il n'y a aucune raison de penser que les unes seraient plus compliquées à mettre en œuvre que les autres, et dans une certaine mesure, les procédures de contrôle et les moyens de faire respecter les objectifs peuvent être similaires[1] . Plus généralement, pour enclencher un processus vertueux au regard de l'écosystème, les mesures semblent pourvoir être de trois ordres[2] : le cadre législatif et réglementaire, les incitations non-monétaires et monétaires ciblées. Au delà des difficultés de mise en œuvre, au demeurant moins techniques que politiques, la cohérence d'ensemble réclame impérativement non seulement la justice mais aussi, quel que soit le niveau, un processus démocratique de prise de décisions.

Pour Polanyi, la maîtrise de la puissance issue de la civilisation technique est essentielle pour éviter un asservissement de l'homme car elle pose les questions de la soumission à la *norme*, de la *pression exercée* sur les personnes et finalement de la protection de la *liberté* et de la *démocratie*.

> « Au niveau institutionnel la réglementation étend et restreint à la fois la liberté ; seule la balance des libertés perdues et gagnées a un sens. »
> « Les institutions libres sont une caractéristique culturelle que nous avons le pouvoir, sur le plan juridique, d'éliminer ou de restaurer. »

---

1 Si l'A.D.E.M.E propose des outils d'évaluation, il s'agit essentiellement de démarches volontaires ; et dans le cas inverse, les dispositifs de contrôle et de contrainte sont quasi inexistants.

2 *Infra*, chap. 3, § 2.3, p. 167.

« La liberté dans une société complexe nécessite un passeport inviolable. L'individu doit être protégé de toute pression non justifiée, qu'elle émane d'un individu ou d'une entreprise, d'une association ou d'une grande société, de la coutume ou de la loi. »
« *Le détrônement de l'efficience comme unique principe directeur est inévitable dans une société libre.* Ce n'est qu'en étant en concurrence avec d'autres finalités, valeurs et idéaux que le concept d'efficience peut être accepté. »[1]

1 Respectivement Karl Polanyi, 1983, p. 326 et 2008, chap. 42, p. 554-5, chap. 43, p. 563 : Polanyi *souligne* ; efficience au sens économique étroit.

CHAPITRE III

ASSISES OPÉRATIONNELLES

Si l'énonciation de principes généraux dûment étayés éclaire les orientations nécessaires, la mise en pratique suppose de prendre appui sur les connaissances, les expertises, les techniques et les structures existantes qui peuvent permettre d'œuvrer en ce sens. Autrement dit, pour saisir l'impact de l'activité productive (biens et services) et du mode de vie sur l'écosystème, dans un souci d'efficacité, il faut s'adosser à ce qui est déjà construit, opérationnel et compléter par des outils concrets lorsqu'ils font défaut. Ainsi, pour réellement considérer l'écosystème, il est possible de partir de l'organisation comptable et fiscale qui existe déjà. Encore faut-il préciser selon quelles *normes* et quelles *modalités* cette quantification doit se faire et, d'autant plus, qu'au bout du compte, il est indispensable de préserver pour chacun des possibilités de choix individuels.

1. PARTIR DES COMPTABILITÉS EXISTANTES

L'expression *logique comptable*, trop souvent employée pour désigner des choix budgétaires restrictifs, est fallacieuse car elle occulte l'essentiel de la comptabilité, les *normes* sous-jacentes[1].

1 Les normes comptables ne sont pas immuables. *Supra*, chap. 2, § 2.1, note, p. 93 et *Infra*, conclusion, note, p. 195.

Comme la typologie de la comptabilité nationale ne coïncide pas exactement avec les systèmes de comptabilités publics et privés[1], dans un souci de simplicité et d'efficacité, il semble plus pertinent de partir de ces dernières en s'appuyant sur ce qui doit déjà être saisi : d'une part, pour remplir des obligations comptables et fiscales et, d'autre part, pour des considérations internes de gestion.

Notre proposition ne s'attache qu'à décrire les grandes lignes de ce qui serait nécessaire et laisse la mise en œuvre concrète aux comptables et aux informaticiens. Là encore il s'agit de mettre la technicité acquise au service de l'écosystème. Du reste, dans ce cas précis, les procédures sont considérablement facilitées par l'outil informatique[2] dont nous disposons aujourd'hui.

1.1. Comptabilités privées

Évoquer les comptabilités privées, suppose de garder à l'esprit leur diversité non seulement d'objectif et de taille mais aussi de statut juridique et de régime fiscal. Dans la mise en œuvre concrète, il s'agit d'intégrer ces différences, notamment pour éviter des difficultés aux petites structures pour lesquelles les changements doivent être davantage accompagnés.

1 Ainsi, tous les organismes, publics ou privés, à but non lucratifs sont regroupés.

2 Loin de l'idée d'un retour à une société traditionnelle, il s'agit ici de mobiliser les connaissances et les techniques non pour prolonger un système mortifère mais pour construire des sociétés respectueuses de l'écosystème.

A priori, l'*affectio societatis* établit une première distinction fondée sur l'objectif recherché, les firmes[1] à but lucratif, quel que soit leur objet, étant la matrice des comptabilités privées[2]. En outre, quelle que soit la nature de leur activité, commencer par ces firmes se justifie pour plusieurs raisons. Fondamentalement leur logique économique particulière, le *but lucratif*, et par suite les *normes* véhiculées, ne les poussent pas à agir dans le sens d'un changement de trajectoire[3]. Par ailleurs, elles concentrent l'essentiel de l'activité industrielle et commerciale dont l'impact écologique est considérable. Ce qui ne signifie pas que les activités tertiaires[4] soient négligeables, loin s'en faut ! Et d'autant moins qu'elles se

1 Le droit s'attache à définir des statuts et ne propose de définition ni pour l'entreprise ni pour la firme. Néanmoins lorsqu'il s'agit d'employer un terme générique pour évoquer une organisation à but lucratif, celui de firme nous paraît le plus adapté car implicitement il renvoie à une *échelle normative. A contrario*, le terme d'entreprise évoque plutôt une petite taille, des structures dont les grandes entités n'hésitent pas à jouer pour servir leurs propres intérêts. Par ailleurs, le mot est formé sur la même étymologie que les termes *entrepreneur* et *entreprenariat* aux significations diverses, souvent extensives.

2 Dès l'époque médiévale, invention de la comptabilité à partie double.

3 Nous avons souligné (*Supra*, chap. 2, 2.1, note, p. 110) qu'il faut se déprendre de la fable du *capitalisme vert* et de toutes ses déclinaisons. Pour autant, sous la condition d'en fixer les limites acceptables tant pour la biosphère que la société, rien n'empêche l'organisation d'activités économiques par l'initiative privée. Autrement dit, il s'agit d'opérer un *retournement de l'encastrement*.

4 Si le déploiement de la 5 G montre l'importance des flux d'informations (*Supra*, chap. 2, § 2.1, p. 106), notamment dans les activités économiques rattachées au tertiaire, il soulève aussi la question des infrastructures nécessaires et envisagées, et donc, plus fondamentalement, des choix de société (*Infra*, § 3.2, note, p. 184).

sont considérablement développées depuis quelques décennies. Pour autant, en termes absolus, la production industrielle n'a pas reculé, au contraire, même si désormais dans sa dimension la plus polluante, et souvent sordide, elle échappe au regard superficiel occidental : travail et fabriques ignorés ou sites lointains. Non seulement l'activité industrielle est étroitement liée aux matières premières, à la l'énergie et au transport mais les grandes structures y occupent une place déterminante tant en volume d'activité, qu'en influence et en *normes* : directement ou en donneuses d'ordres, par l'importance de leur *lobbying* et la création de références implicites. En ce sens, elles permettent d'énoncer les principes généraux, pertinents pour toutes les organisations quelle que soit leur but, leur taille, leur objet, leur statut juridique et leur régime fiscal.

Néanmoins le poids dans l'activité des grandes firmes ne doit pas occulter les structures productives de dimensions plus modestes et davantage encore lorsque leur taille est plus réduite, notamment celles relevant de la comptabilité simplifiée[1]. S'il ne s'agit en aucun cas de les exonérer de leur responsabilité écosystémique, non seulement leur impact est plus faible mais, au regard de leur taille, leurs possibilités gestionnaires sont moindres. Aussi la mise en œuvre du dispositif doit-il s'adapter pour ne pas les pénaliser. Enfin, parmi les structures qui se réclament de l'économie sociale et solidaire, dont *a priori* la sensibilité à l'écosystème devrait être plus forte, certaines sont à but lucratif, d'autres non. Si le but lucratif

1 Certains commerçants ou artisans dont le chiffre d'affaires ne dépasse pas certain plafond, relève de ce régime.

est un marqueur, la réalité est plus complexe comme les groupes formés par la comptabilité nationale le montrent.

Les organisations sans but lucratif[2] privées dont une grande partie relève des I.S.B.L.S.M. se caractérisent d'emblée par leur grande diversité quel que soit le point de vue adopté : taille, objet, statut juridique, obligations comptables et fiscales. *A priori*, l'absence de but lucratif, change les priorités et devrait induire une gestion moins délétère pour la biosphère et, *a minima*, une sensibilité plus grande à l'écosystème. De ce point de vue, sauf à considérer que ces organisations sont indifférentes au système dans lequel elles sont immergées, la réalité mérite d'être nuancée. Si comme pour toute entité il existe une *contrainte budgétaire* qui peut conduire à des choix qui ne sont pas les meilleurs pour la biosphère[3], ces structures tendent aussi souvent à adopter les *normes dominantes*, précisément celles des firmes à but lucratif, elles-mêmes toujours davantage soumises à des *normes financières*. En d'autres termes, même dans les structures à but non lucratif, il faut créer les conditions structurelles de la vertu qui, en dépit de leur finalité, ne se vérifie pas *ipso facto*.

Néanmoins, par leur objet, elles ne se situent pas en prise directe avec l'écosystème car leurs secteurs d'activités concernent parfois la transformation avale, et plus souvent le tertiaire. Pour autant, elles sont consommatrices d'eau, d'énergie, de produits intermédiaires et intègrent des outils de production qui ont nécessité une fabrication en amont. Par ailleurs, si les statuts juridiques

2 Le but non lucratif ne signifie pas nécessairement qu'il ne puisse pas y avoir de bénéfices. Le cas échéant, ils sont répartis selon des critères spécifiques. De même, ces entités peuvent être insérées dans le domaine marchand.

3 La même remarque pourrait être faite d'un point de vue social.

sont très différents (mutuelles, coopératives, fondations, associations), la diversité de taille est encore plus remarquable ce qui, du reste, implique des obligations comptables et fiscales différentes : rien de commun entre une association locale qui fonctionne sur le seul bénévolat et une fondation d'envergure nationale, voire internationale, qui emploie de nombreux salariés.

Finalement, dans la prise en compte de l'écosystème, l'échelle et le domaine d'activité de la structure semblent être les aspects les plus pertinents.

1.2. Comptabilités publiques

Même si les administrations publiques n'ont pas de but lucratif, même si leurs activités relèvent davantage des services, elles n'échappent pas à la question écologique dans la mesure où, comme toutes les unités de production, elles consomment de l'eau, de l'énergie, des produits intermédiaires et nécessitent un outil de production et, font elles aussi des calculs économiques étroits et des choix où les considérations écosystémiques sont le plus souvent réduites à la portion congrue. Dans une large mesure, ce qui vaut pour les unités productives marchandes vaut pour les unités non marchandes et, de la même manière, du point de vue de la saisie, il est possible de tabler sur les comptabilités publiques, voire les comptabilités privées spécifiques, à partir desquelles l'enregistrement obligatoire de flux physiques est envisageable.

Les structures publiques connaissent aussi une grande diversité qui se lit d'abord dans leurs quatre grandes catégories[1]. D'abord, l'État et toutes les entités qui en

1 Décret n° 2012-1246 du 7 novembre 2012 relatif à la gestion budgétaire et comptable publique, Titre préliminaire, le champ

dépendent directement, c'est-à-dire celles qui correspondent à la fonction publique du même nom, constituent un premier groupe. Ensuite les collectivités territoriales – des communes, dans leur diversité, aux régions en passant par les départements et les établissements publics de coopération intercommunale (E.P.C.I.) -, c'est-à-dire celles qui sont liées à la fonction publique territoriale, en figurent un deuxième. Par ailleurs, les établissements publics de santé, dans leur diversité, forment une autre catégorie qui correspond à la fonction publique hospitalière. Enfin, les autres personnes morales de droit public (ou assimilées) sont regroupées séparément.

Si par nature, ces entités ont des missions de services publics ou doivent concourir par leur activité à l'intérêt général, non seulement les domaines concernés sont très différents mais leurs tailles extrêmement variées : de ce point de vue, les communes offrent les plus grandes disparités[1]. Ainsi, comme pour les entités privées, au regard de la biosphère, l'échelle et le domaine d'activité des structures semblent être les aspects les plus pertinents.

Par ailleurs, comme depuis 2001, la L.O.L.F a donné une dimension législative au *nouveau management public*, avec ses indicateurs de performance, directement inspirés du management des firmes, le fonctionnement des entités publiques, en dépit de leur spécificité, s'est considérablement rapproché de celui des grandes structures privées. Selon Derosières[2] les *indicateurs* de la L.O.L.F « créent ainsi *ex nihilo* nombre de *nouveaux espaces d'équivalence et de comparaison* ».

---

d'application, Article 1.

1 Selon le nombre d'habitants, les catégories regroupent les communes de moins de 500, 3500, 10 000 et les autres.

2 *Supra*, chap. 1, 3.3, p. 63.

Or, concernant l'écosystème, ces équivalences et ces modes d'incitations valorisent, voire favorisent, des modes de fonctionnement délétères.

1.3. Mise en œuvre

La typologie de l'État proposée par Derosières montre que non seulement l'émergence de l'*État néo-libéral* n'est pas indifférente à l'occultation des questions écosystémiques mais que cette forme d'État, par essence, ne peut pas apporter les réponses urgentes nécessaires car « dans cette perspective, aucun acteur, notamment l'État, n'est extérieur au jeu. De plus, « l'État se démultiplie en plusieurs "centres de direction" qui sont des « acteurs parmi d'autres, relevant des mêmes formes de modélisations, économiques ou sociologiques, que n'importe quel autre acteur microéconomique. »[1]

Ainsi, l'adoption du *nouveau management public* non seulement transpose des outils du privé vers le public alors même que les objectifs ne sont pas les mêmes, mais ces instruments ont montré, y compris dans le privé, leurs conséquences sociales désastreuses[2]. Enfin, en ce qui concerne l'écosystème le constat est sans appel : en dépit de la communication fallacieuse, la mise en *concurrence* et la *coordination marchande* n'ont fait que renforcer la trajectoire néfaste[3]. Or précisément, pour changer de direction, l'État doit être *extérieur au jeu* afin de pouvoir intervenir efficacement pour mettre en œuvre la *volonté*

---

1 Pour les citations, *Supra*, chap. 1, § 3.3. p. 63.

2 Par exemple, les *burn out et suicides* chez Orange, sont à rapprocher de ceux dans la fonction publique (police, etc.)

3 *Supra*, chap. 2, p. 73.

commune, exprimée démocratiquement à toutes les échelles pertinentes[1].

Alors qu'aujourd'hui, « L'action publique intervient plus par des incitations que par des règlements », il s'agit d'inverser la tendance car non seulement le changement de trajectoire doit s'enclencher rapidement mais les incitations ne sont pertinentes que dans la mesure où elles font l'objet d'un véritable suivi quant aux effets et, le cas échéant, modifiées ou abandonnées[2]. Surtout, elles « sont pensées dans les termes de la théorie microéconomique : comportement de l'agent individuel rationnel, préférence, utilité, optimisation, externalités », c'est-à-dire la raison réduite au calcul avantages-coûts de l'*homo œconomicus* dont l'intérêt étroit ne mène pas au bien commun, et d'autant moins que ladite théorie considère de la même manière, les pouvoirs publics institutionnels de tous niveaux, les collectivités publiques, les grandes firmes, y compris transnationales, les petites entités, les ménages ou les personnes physiques. En outre, dans cette perspective, la puissance de certains acteurs privés, leur capacité à faire pression et à modifier les législations dans un sens qui leur est favorable[3], sont ignorées. Enfin, alors même que les

---

1 *Supra*, chap. 2, § 3, p. 123.

2 Qu'il s'agisse de la biosphère ou du social, force est de constater que ce n'est pas le cas : typiquement, le coûteux dispositif du C.I.C.E. dont les effets réels en matière de création d'emplois sont très éloignés de ceux annoncés.

3 Si la place prise par les *lobbys* et leur capacité à œuvrer en arrière-plan (préparation de textes) des instances législatives (États nationaux, U.E.) ou à manipuler l'opinion publique, en prétendant représenter toutes les entités, en particulier les plus petites, pour défendre le seul intérêt des dominants (en France, le M.E.D.E.F. ou la F.N.S.E.A. sont illustratifs), sont impressionnantes, l'action en propre

firmes transnationales se soustraient aux obligations communes et se placent elle-mêmes hors concurrence, elles l'organisent à leur profit à tous les niveaux[1].

Finalement, le constat est clair : en ce qui concerne l'écosystème, le néolibéralisme en général, et l'*État néolibéral* en particulier, ont accentué la trajectoire catastrophique.

Aujourd'hui, notamment pour des raisons démocratiques[2], l'échelle qui reste pertinente est celle du pays, d'abord pour déterminer les grandes orientations pour l'ensemble du territoire, puis à d'autres niveaux de décisions, où la puissance publique s'exerce ou pourrait être mise en œuvre, pour veiller à la cohérence et la mise en application réelles des priorités. Dans tous les cas, il s'agit de reconsidérer l'articulation des choix démocratiques pour que les décisions puissent être prises aux échelles pertinentes[3]. Le fonctionnement de la démocratie étant gravement altéré[4], il importe de le renforcer d'urgence, et d'autant plus, que la conservation d'une biosphère vivable réclame des décisions essentielles, légitimées par le plus grand nombre.

---

des grandes firmes, entre autres, G.A.F.A.M., n'est pas en reste.

1 L'optimisation et l'évasion fiscales comme les pressions en tous genres afin d'obtenir des aménagements, des aides, des exonérations, des législations accommodantes (fiscales, environnementales, sociales) et des salaires comprimés sont largement documentées.

2 La malfaçon démocratique de l'U.E. est connue : en dépit des nombreuses imperfections, le pays reste le seul niveau consistant.

3 *Infra*, § 3.1, p. 173.

4 À cet égard, non seulement la désignation, voire la persistance, d'un certain type de dirigeants politiques est révélatrice mais le niveau élevé du taux d'abstention l'est encore davantage puisqu'il montre que de très nombreux citoyens pensent que leur vote est inutile.

Fondamentalement, lorsqu'il s'agit d'intérêt commun, les décisions ne peuvent être laissées au seul bon vouloir des différents acteurs car non seulement cette manière de faire est inefficace mais, au regard de l'enjeu, et plus généralement pour faire société, il n'est pas envisageable que certains se soustraient aux obligations et règles communes[1].

En plus des raisons précédemment avancées[2], le caractère *obligatoire* de la saisie est essentiel pour la construction technique d'un *outil cohérent, informatif* et *opérationnel*. Non seulement il s'agit d'avoir véritablement un tableau d'ensemble de l'impact humain sur la biosphère, déjà estimé par des indicateurs comme l'*empreinte écologique* ou le *jour du dépassement*, voire plus finement par des attributions par secteur de certains effets, mais de disposer d'informations *fiables*, incontestables et détaillés relatives aux usages qui demandent des gros prélèvements ou qui produisent de nombreux rejets.

Pour réellement changer de trajectoire, il faut disposer des données précises qui permettent, d'une part, d'établir les grandes priorités, c'est-à-dire les domaines qui doivent être préservés au mieux et, d'autre part, de mettre concrètement en œuvre les réductions dans les différents domaines, en particulier certaines activités socialement peu utiles, voire nocives, dont la pression sur la planète est illégitime.

Néanmoins, si les divers moyens de la mise en œuvre existent, celle-ci nécessite un délai minimum pour sa réalisation effective. Comme dans tous les cas, une

1 Ce régime d'exception était, sous le nom de privilège, une caractéristique essentielle de la France d'avant 1789.

2 *Supra*, chap. 2, § 3, p. 123.

analyse détaillée des entrées et des sorties du processus productif est nécessaire, il faut privilégier la saisie la plus complète possible car des prélèvements ou des rejets qui peuvent paraître négligeables aujourd'hui ne le seront peut-être plus demain[1]. En d'autres termes, il faut d'emblée intégrer une éventuelle adaptation de l'outil pour n'avoir pas à recommencer ultérieurement l'analyse.

Néanmoins, une hiérarchie dans les délais de mise en œuvre, fondée sur les critères d'échelle et de domaine, peut être envisagée. Comme pour de grandes structures il est plus facile de mobiliser des moyens, le délai peut être beaucoup plus court que dans les petites entités. De même, hormis le critère de la taille, les activités dont l'impact sur la biosphère est particulièrement fort doivent être soumises aux délais les plus courts. Cette hiérarchie se justifie non seulement pour une question de moyens mais aussi en raison de la pression exercée sur l'écosystème. Et ce d'autant plus que les grandes entités prennent la forme de groupe et utilisent une kyrielle de sous-traitants, lesquels doivent être d'emblée intégrés dans le dispositif avec une prise en charge matérielle obligatoire du donneur d'ordres[2].

Enfin, le plus souvent, ces structures se situent en amont du processus productif ou contrôlent une grande partie de la filière. Comme idéalement la mise en œuvre complète et rapide serait souhaitable, il faut envisager non

---

1 Dans une certaine mesure, une analogie pourrait être faite avec la question de l'isolation : l'expérience montre qu'il faut chercher le meilleur niveau possible pour éviter de devoir y revenir ce qui, du reste, est rarement fait.

2 Cette modalité paraît évidente car le plus souvent la sous-traitance est un moyen commode de baisser les coûts de production avec un corollaire, la faiblesse des exigences sociales et environnementales.

seulement un dispositif d'accompagnement et d'aides matérielles pour les plus petites structures mais aussi les encourager à adopter au plus vite cette nouvelle prise en compte car sa finalité se situe à deux niveaux. Il s'agit, d'une part, de saisir précisément les flux physiques liés à l'écosystème afin de décider démocratiquement des grandes orientations nécessaires au changement de trajectoire et, d'autre part, de mettre en place une comptabilité de gestion, par produit ou service, en unités physiques, afin de permettre, sous contrainte écosystémique, des choix éclairés, du processus productif à l'utilisation finale.

Pour réussir la mise en place d'une comptabilité en unités physiques, plusieurs conditions sont nécessaires. Il va de soi que la première réside dans la volonté politique de la porter car seule la puissance publique est en mesure de la rendre obligatoire, de l'accompagner et de contrôler sa mise en œuvre en donnant le cadre législatif, en mobilisant les moyens matériels et humains nécessaires à la coordination, à l'aide, au suivi et à la vérification. De surcroît, des incitations[1] peuvent être envisagées : une modalité parmi d'autres pourrait être un accès prioritaire aux marchés publics, voire une condition *sine qua non*[2].

Si la puissance publique permet de créer le cadre législatif et de le faire respecter (contrôles, avertissements

1 Si des aides et incitations financières peuvent être envisagées, dans la logique qui est défendue ici, des modalités non financières semblent préférables : formations, accès préférentiels, possibilités , etc. Dans les entités publiques, voire associatives, il est aussi possible d'envisager des dotations supplémentaires en moyens humains pour améliorer les conditions de travail et de service.

2 Les plus petites entités, généralement écartées des marchés publics, pourraient trouver là une opportunité.

et sanctions), si l'accompagnement d'ensemble et la coordination générale sont de son ressort, dans chaque structure l'analyse et la mise en œuvre demandent la contribution et la coopération de connaissances et de savoirs-faire issus de différents domaines.

2. PRINCIPES GÉNÉRAUX

Pour appréhender les données physiques nécessaires à l'émergence de comportements plus vertueux, l'interdisciplinarité est essentielle puisqu'il s'agit d'analyser, de saisir, d'attribuer, de traiter, de diffuser des données. Toutefois les connaissances et les compétences existent déjà : pour chaque domaine (eau, énergie, matières fossiles, rejets divers) des spécialistes ont élaboré des méthodes d'estimation et effectué des calculs nécessaires ; par fonction, les ingénieurs et les personnels de production connaissent les processus de fabrication, de même, les comptables maîtrisent les techniques de saisie, les outils de ventilation, et l'informatisation nécessaire à l'ensemble de la mise en œuvre peut compter sur les savoirs-faire de ce domaine qui participe déjà à des projets autrement plus complexes[1]. En d'autres termes, la difficulté essentielle ne se situe pas dans la mise en œuvre, mais réside dans la volonté politique de décider d'une telle prise en compte.

2.1. Cadre écosystémique obligatoire

Dans la mesure où toutes les structures sont déjà dotées d'une comptabilité financière utile à un suivi d'activité de

1 Tels les véhicules sans conducteur dont la concrétisation aurait pourtant un impact catastrophique sur la biosphère.

base et, de surcroît *obligatoire*, essentiellement pour des raisons administratives et fiscales, même si dans certains cas celle-ci est minimale, il est assez facile de la doubler, selon des principes similaires, d'une comptabilité écologique ne s'exprimant pas en unités monétaires mais en unités physiques dédiées à chaque catégorie de prélèvement ou de rejet.

Fondamentalement, cette manière de procéder doit modifier le rapport à la biosphère. D'une part, en empêchant la soumission des méfaits écologiques à la logique des prix, l'assimilation de la nature à un ensemble de *marchandises fictives* et, finalement, en permettant toutes les destructions pourvu qu'on y mette le prix[1]. D'autre part, ces comptes spécifiques doivent devenir premiers dans la hiérarchie, c'est-à-dire contenir l'activité économique dans un cadre acceptable[2], le calcul monétaire de l'entreprise ne valant que dans la mesure où ces critères sont respectés.

En conséquence, pour décider des grandes orientations nécessaires au changement de trajectoire, ces unités physiques doivent non seulement permettre un état de la situation, mais aussi un rapprochement des processus les plus vertueux déjà utilisés afin de tendre vers la sobriété nécessaire à la conservation d'un écosystème vivable. Aussi trois plans - *informatif, comparatif, prospectif* – émergent-ils.

Si le premier plan doit fournir des informations à la fois précises (domaines) et fines (entités), dans chaque cas (prélèvements et rejets), pour permettre l'exploitation des données, il faut veiller à l'usage des unités physiques les

1 À rebours des marchés des droits d'émission (permis à polluer).

2 Le même raisonnement pourrait être tenu en matière sociale.

plus adaptées, ce qui n'est pas forcément simple[1]. Encore faut-il souligner que chaque entité doit pourvoir disposer des éléments en amont de son activité et doit être en mesure de renseigner l'aval, ce qui doit faire l'objet d'une ventilation *ad hoc*[2]. Néanmoins, dans certaines circonstances et dans un premier temps, il faudra aussi envisager des estimations, en particulier pour les matières fossiles importées. Ainsi, en situation de forte dépendance, et en l'absence d'alternative[3], le fournisseur peut se dispenser des informations, ne pas en autoriser les contrôles. Sur la base des éléments connus, des estimations réalistes devraient alors être faites afin de pouvoir les intégrer avec une marge d'erreur raisonnable. De même, la saisie du prélèvement en eau suppose des modalités particulières lorsque celui-ci s'effectue par pompages directs[4].

Enfin, tout au long du processus de production, tous les rejets demandent une estimation de leur coût écosystémique extrêmement variable puisque, selon les

---

1 Alors que pour les matières premières (minerais dans leur diversité), y compris à pouvoir énergétique (charbon, pétrole, gaz, etc.), le poids (tonnes, etc.) ou le volume (m^3, stère, etc.) paraissent adaptés, la réponse est moins évidente pour l'énergie utilisée en tant que telle. S'il paraît évident qu'il faut abandonner la tonne d'équivalent pétrole (pétrole dont précisément il s'agit de se dépendre), le choix des multiples (kilo, méga, giga) du watt ou du joule semblerait s'imposer, sous réserve d'approbation des spécialistes du domaine.

2 *Infra*, § 2.2, p. 163.

3 En soi, la dépendance rend l'exigence d'informations difficile faute d'être en mesure de se passer de l'importation. *A priori*, dans le cas d'autres produits, cette demande peut être davantage entendue car les choix de fournisseurs sont plus étendus et, de surcroît peuvent être nationaux.

4 Des compteurs *ad hoc*, régulièrement relevés, et des contrôles adaptés peuvent être envisagés.

situations, ils peuvent retourner sans dommage à la biosphère ou devenir une matière première ou, *a contrario*, nécessiter des traitements plus ou moins énergivores et complexes pour être réutilisables ou absorbés[1] par l'écosystème, voire être non réductibles à l'échelle humaine. Par ailleurs, comme le tri des déchets par les utilisateurs finaux le montre, la question des rejets s'étend vers l'aval, c'est-à-dire aux objets et aussi à leurs emballages après usage. Aussi faut-il, en tenant compte de leur durée de vie garantie[2], intégrer leur devenir : l'effet écosystémique du recyclage ou de l'absorption des déchets par la biosphère.

Sur le plan *informatif*, les objectifs se placent à deux niveaux. D'abord, pour chaque entité, et chaque année, l'aboutissement est l'établissement de *comptes de flux écosystémiques*, en unités physiques, qui précisent, d'une part, les ressources écosystémiques allouées dans leur diversité, c'est-à-dire la limite maximale des prélèvements[3] sur la biosphère (énergie, matières premières, eau) et, d'autre part, l'utilisation qui en est faite dans les achats de matières premières, d'énergie et de produits intermédiaires ou nécessaires au fonctionnement général de la structure, sans oublier une quotité pour l'utilisation de l'outil de production et le devenir des rejets (intermédiaires ou finaux, tels les produits en fin de vie) issus de l'activité[4].

---

1 L'eau dégradée rejetée est une question difficile pour laquelle il faut envisager un ensemble de modalités de contrôle liées notamment à des analyses qualitatives : substances nocives, température, etc.

2 Il s'agit d'un aspect important pour la durabilité des objets.

3 Ainsi l'impact écosystémique de l'activité se placerait en surplomb de la valeur ajoutée, habituellement considérée.

COMPTE DE FLUX ÉCOSYSTÉMIQUES

E6	Utilisation écosystème	écart	n-1	n	E876	Prélèvement	écart	n-1	n
E601	*Achats*	10	*710*	700	E8761	Énergie	100	*1100*	1000
E611	*Services extérieurs*	...	...	25					
E621	*Autres services extérieurs*	...	...	10					
E6811	DAE outil production	...	...	55					
E68511	DAE déchets	...	...	10					
E68512	DAE production	...	...	40					
	Reliquat	...	...	160					
		100	***1100***	**1000**			**100**	***1100***	**1000**

Source : d'après l'auteur

Tableau commenté en annexe 7, *Infra*, p. 210.

Le lien avec la *comptabilité de gestion*[1] est double : d'un côté, celle de tous les fournisseurs situés en amont permet d'établir les *comptes de flux écosystémiques* ; d'autre-part, pour chaque entité, ces comptes fournissent la base de l'analyse permettant de rassembler les informations pour l'aval.

4 Cette ébauche de *compte de flux écosystémiques* pour l'énergie, commentée en annexe 7, *infra*, p. 210, a pour objectif de faire comprendre la logique de cette comptabilité en *unités physiques* : cette présentation n'a rien de définitif ; les améliorations issues des savoir-faire comptables sont les bienvenues pour autant qu'elles ne dénaturent pas la finalité, la logique et la cohérence d'ensemble.

1 *Infra*, § 2.2, p. 163.

SYNTHÈSE DES RESSOURCES ÉCOSYSTÉMIQUES

E876	E8761	E8762	E8763	E8764	E8765
Prélèvements écosystémiques	Énergie	Matières fossiles	Autres matières	Bois	Eau
écart					
n-1					
n	1000				
Reliquat	160				
%	16				

Source : d'après l'auteur

Tableau commenté en annexe 8, *Infra*, p. 212.

Ces comptes permettent aussi d'obtenir une vision d'ensemble, c'est-à-dire le second aspect au plan informatif. Globalement, les *comptes synthétisés* par domaines d'activité doivent conduire non seulement à mettre davantage en lumière les activités pour lesquelles les efforts sont particulièrement nécessaires, voire celles où ils paraissent exorbitants au regard de l'utilité commune, mais aussi d'éclairer les *orientations essentielles*, les *hiérarchies* à établir.

En dépit des affirmations de pseudo-réalistes, au regard de la situation actuelle et de la trajectoire qu'elle dessine, dans chaque société, et pour faire société, le politique[1] doit

1 Ne pas aborder cette question équivaut à occulter des choix qui devront d'une manière ou d'une autre être faits. Implicitement, ne pas mettre ces questions en débat, revient par avance à écarter les décisions démocratiques des citoyens. En situation d'urgence, inévitable sans changement de trajectoire, les décisions prises seront forcément non démocratiques et très probablement défavorables à

décider des activités prioritaires afin d'être en mesure de les maintenir de façon économe pour la biosphère, de celles qui sont de second rang, donc non indispensables mais utiles et, dans la mesure du possible, souhaitables, enfin, de celles qui sont inutiles, voire nocives pour le bien commun, et qui n'ont donc pas de légitimité.

Le deuxième plan ne présente pas de difficulté particulière puisqu'il consiste à distinguer, du point de vue de l'écosystème, le meilleur processus de fabrication afin d'avoir la *référence* du *déjà possible* et œuvrer pour s'en rapprocher dans les meilleurs délais. Là encore, la coopération des scientifiques et des praticiens est indispensable afin de mettre en avant les modalités qui, en l'état actuel des connaissances et des savoirs-faire, sont les plus efficaces au plan écosystémique[1].

Au plan *comparatif*, deux objectifs paraissent évidents. D'une part, pour chaque entité, il s'agit d'établir les *écarts* entre le processus de référence et celui utilisé car ces différences sont déterminantes pour la poursuite de l'activité : mise à niveau rapide ou abandon[2]. D'autre part, pour chaque domaine d'activité, il devient possible de saisir globalement les écarts à la référence, c'est-à-dire les réductions déjà possibles.

---

l'intérêt commun.

1 Alors que l'efficacité est le plus souvent entendue au sens économique étroit, c'est-à-dire de produire au moindre coût monétaire (prix le plus bas), il s'agit ici de mettre en surplomb une autre efficacité, d'importance vitale.

2 Si dans le capitalisme, s'agissant de l'efficacité économique, une telle issue est considérée comme normale et même indispensable, dans une société soucieuse de l'écosystème, avec ses critères d'efficacité, elle ne l'est pas moins. Pour autant, le cas échéant, les transformations nécessaires ou les cessations d'activité doivent être accompagnées.

Finalement, ce plan comparatif doit permettre de *hiérarchiser* les processus de production, de tendre vers les *normes* les plus élevées par la *réduction des écarts à la référence*. Au demeurant, une référence qui peut elle-même évoluer lorsque d'autres façons de faire, plus économes pour la biosphère, émergent grâce à l'avancé des connaissances. Autrement dit, les objectifs peuvent devenir d'autant plus ambitieux que la recherche se mobilise en ce sens plutôt que de poursuivre de vaines chimères destinées à faire durer encore un système mortifère.

En conséquence, sur un plan *prospectif*, s'il s'agit d'abord d'accentuer l'indispensable recherche fondamentale. Ensuite, en matière d'applications, tous les travaux concernant des procédés pouvant rendre les humains plus respectueux, et donc plus économes, de la biosphère doivent être privilégiés tout en en gardant à l'esprit qu'une modification du mode de vie reste essentielle pour s'accorder avec l'écosystème. Ainsi la démarche d'ensemble implique non seulement de rendre les activités jugées indispensables plus sobres quant à leur prédation, mais aussi de s'attacher à la réduction de tous les rejets : en soi, prélever le moins possible de matières fossiles réduit les rejets en carbone et autres gaz nocifs, préserve la biodiversité et tient l'humanité à distance des limites.

À défaut de *changer la façon d'habiter la planète*, toutes les connaissances qui visent à augmenter l'efficacité énergétique, la qualité écosystémique de nos activités, le traitement des rejets, le recyclage et la réduction de nos déchets ne changeront rien : non faute de progrès mais faute de mettre la trajectoire mortifère du *toujours plus* en cause.

Sous condition d'une transformation radicale de nos modes de production et de vie, la quête de solutions économes de l'écosystème reprend tout son sens. Et dans ce domaine, comme dans les autres, il s'agit de décider de l'affectation des moyens, dans tous les sens du terme. Il va de soi que certaines recherches doivent être particulièrement soutenues : celles en relation avec les activités prioritaires ou utiles dont il faut améliorer autant que possible les processus productifs ; celles qui visent à surmonter des problèmes spécifiques qui permettraient d'économiser l'écosystème, et bien sûr, l'indispensable recherche fondamentale. Ce qui ne signifie pas qu'il faille abandonner tous les autres champs car, en soi, l'augmentation de la connaissance n'est pas limitée et, dans une société dégagée de l'accumulation matérielle, celle-ci pourrait aussi prendre une place importante et très différente[1], laquelle pourrait contribuer à l'élévation au sens propre du bien-être.

Finalement, ce cadre obligatoire mobilise des procédés déjà utilisés à d'autres fins (réduction des coûts et amélioration de la rentabilité) en les subvertissant au service de l'écosystème, notamment en éclairant les décisions indispensables quant aux domaines problématiques pour la biosphère ou prioritaires pour la société, en permettant, en connaissance et en conscience, d'agir au plus près de l'activité productive, en encourageant les recherches et les investissements nécessaires.

---

1 Afin de contrer les discours qui, pour ne rien changer, dépeignent négativement tout changement de système, des auteurs s'attachent à imaginer les perspectives ouvertes par une société débarrassée de l'*addiction matérielle*. Serge Latouche, 2011, Luc Semal et Bruno Villalba, 2018. D'une certaine manière, dès 1930, J.M. Keynes aborde aussi cette question.

Néanmoins, cette comptabilité ne peut suffire, ni même réellement exister sans lui adjoindre un *outil analytique* permettant de saisir le *profil écosystémique* de chaque matière, produit ou service intégrés. En conséquence, il faut mettre en place une comptabilité de gestion *ad hoc*.

2.2. Comptabilité de gestion écosystémique

Contrairement à la précédente, cette comptabilité non obligatoire est moins répandue car il s'agit d'un outil d'analyse et de gestion[1], finalités qui l'ont d'ailleurs successivement qualifiée. Néanmoins, cet instrument est central pour déployer une véritable comptabilité écosystémique parce qu'elle met chaque entité en relation avec le processus productif : par l'amont, en utilisant les données analytiques des fournisseurs ; vers l'aval, après avoir ajouté les siennes et ventilé l'ensemble par produit ou service.

Dans la pratique, hormis les très petites structures marchandes qui se contentent d'une approche globale, la plupart des entités cherchent à répartir les coûts de fabrication ou de mise en œuvre des produits ou services vendus, pour dégager une marge et, *a minima*, pour ne pas vendre à perte dans la durée. Il va sans dire que la situation est plus contrastée dans les structures publiques et privées à but non lucratif mais, là aussi avec un effet

1 Hormis dans certains cas précis (engagements pris par la firme), la comptabilité de gestion n'est pas obligatoire mais très souvent nécessaire (groupe, etc.) ou jugée pertinente comme outil d'analyse.

d'échelle et sous des formes différentes[2], cette dimension analytique et gestionnaire n'est pas absente.

La mise en œuvre d'une *comptabilité de gestion écosystémique* permet d'affecter à chaque production l'impact écologique qui lui revient. En généralisant ce dispositif, il devient possible d'intégrer dans les comptes environnementaux l'impact des *intrants* déjà transformés et transportés, acquis auprès de producteurs en *amont* de la chaîne de production, de les compléter par l'incidence de l'activité productive de l'entité et de répercuter l'ensemble dans les produits ou services vendus ou mis à disposition en *aval*.

En d'autres termes, la comptabilité de gestion écosystémique a deux objectifs essentiels. D'un côté, elle permet de connaître précisément la pression des activités sur la biosphère et d'en faire une analyse d'ensemble afin de décider des grandes orientations[1]. De l'autre, en répartissant les incidences par produits et services sur tout le processus de production jusqu'à l'usage final, elle contribue à infléchir les utilisations tant dans les activités intermédiaires que chez les utilisateurs finaux[2].

Autrement dit, tout produit ou service dispose d'un *profil écosystémique*[3] qui permet, à chaque stade, d'agir en fonction de la contrainte écosystémique tant pour les

---

2 Si en général le *nouveau management public* a déployé des kyrielles d'indicateurs, dans les hôpitaux publics la tarification à l'acte en donne une illustration particulière.

1 *Supra*, chap. 2, § 3.1, p. 124.

2 Nous évitons les termes de *consommation* ou *consommateur* car non seulement ils sont historiquement datés mais renvoient implicitement à l'idée d'une utilisation gaspilleuse, non raisonnée et toujours plus étendue.

3 *Infra*, annexe 8, p. 212.

intermédiaires, soucieux pour la pérennité de leur activité de rester dans le cadre des *ressources écosystémiques* allouées ; voire de ne pas les utiliser toutes pour présenter des *comptes de flux écosystémiques* vertueux, que pour l'utilisateur final des produits dont les choix sont aussi déterminants. D'une part, par le biais de cette comptabilité en unités physiques, il faut articuler, d'une manière ou d'une autre, les grandes orientations retenues démocratiquement aux décisions individuelles. D'autre part, sous la contrainte écosystémique, il s'agit de préserver une certaine liberté de choix pour chacun.

Quels que soient les mécanismes concrets retenus, ils doivent être fondés sur ce *profil écosystémique* afin de vraiment *compter ce qui est essentiel*. Au bout du processus, lorsque les produits sont proposés aux utilisateurs, il faut que, pour un même usage, les *profils* soient réellement comparables en intégrant toutes les *données écosystémiques essentielles*[1] afin d'œuvrer prioritairement à un dispositif vertueux pour la biosphère[2].

Comme nous l'avons souligné, la mise en œuvre d'une telle répartition est plus difficile, voire dans certains cas impossible, pour les petites entités. Trois pistes semblent pouvoir être explorées. La plus évidente réside dans l'accompagnement et dans le délai accordé pour la mise en

---

1 Aujourd'hui, il existe déjà des comparatifs mais partiels. Par exemple, pour l'électroménager, la *consommation énergétique* nécessaire au fonctionnement des appareils donne lieu à une classification. Néanmoins, cette seule dimension ne s'attache qu'à l'*utilisation* : ni le poids écosystémique de la production (énergie et matières), ni celui des rejets, y compris la mise au rebut après usage. Par ailleurs, pour de nombreux utilisateurs, la contrainte budgétaire à court terme reste alors toujours déterminante au détriment de la biosphère et des économies à terme.

2 *Infra*, § 3.2, p. 179.

œuvre. Une autre solution, provisoire ou pérenne, pourrait être de répartir toutes les données écosystémiques saisies en amont et au niveau de la structure, au *prorata* des objets, travaux, services facturés. Enfin, une autre modalité encore pourrait consister à admettre que les ressources écosystémiques maximales allouées pour une activité donnée pourraient suffire pour rendre les petites productions vertueuses, sans que l'analyse pour l'aval ne soit nécessaire. Autrement dit, par exception, on pourrait admettre des objets ou des services sans *profil écosystémique* mis à disposition des utilisateurs, ce qui les mettrait hors du régime commun. Il va sans dire que ces cas devraient être extrêmement limités pour qu'ils soient négligeables du point de vue de l'ensemble du dispositif. Ainsi une telle solution pourrait être envisagée pour des activités particulières à dimension locale : les petits producteurs agricoles qui écoulent directement une production de qualité, c'est-à-dire respectueuse de l'écosystème et de la santé, ou encore les petits artisans et, plus généralement, métiers indépendants qui œuvrent à proximité[1]. En d'autres termes, il s'agirait d'acteurs locaux, de petite taille et au poids écosystémique faible et qui, de surcroît, se trouverait sous le regard tant des utilisateurs que des citoyens[2]. En revanche, elle est inenvisageable pour les sous-traitants car leur activité concourt à celle des donneurs d'ordres.

1 Plus ou moins directement ces métiers restaurent aussi le lien, avec la nature, entre les humains, ou entretiennent et réparent des objets, prennent soin des vivants et des terres cultivables.

2 Il est intéressant de noter que dans l'organisation ancienne des métiers, la visibilité d'une production est gage de qualité et, *a contrario*, le travail des chambrelans (en chambre, loin du regard) paraît douteux.

COMPTE ANALYTIQUE ÉCOSYSTÉMIQUE PAR PRODUIT

Profil écosystémique	Énergie	Matières fossiles	Autres matières	Bois	Eau
***Produit** X*	2	1	0	1	0,2
Produit Z	1	0	0	3	0,1
***Service** W*	4	2	0	0	0,05

Source : d'après l'auteur

Tableau commenté en annexe 9, *Infra*, p. 214.

2.3. Dynamique vertueuse

L'objectif étant de peser le moins possible sur l'écosystème, il faut aussi encourager la réduction vertueuse. Autrement dit, les ressources allouées aux activités, en fonction d'une hiérarchie démocratiquement établie, doivent être entendues non seulement comme des limites à ne pas dépasser mais aussi dont il faudrait se tenir à distance en produisant toujours mieux au regard de l'écosystème[1]. Concrètement, ce qui n'est pas utilisé par une structure ne peut pas être cédé par un processus marchand à une autre[2]. Pour autant, les comportements les

---

1 Au lieu de rechercher sans fin des gains de productivité, présentés comme un progrès, il faudrait tendre tous les efforts afin de rendre la production toujours plus économe de la biosphère. Il va de soi que cet objectif serait d'autant mieux servi que le fonctionnement des structures productives impliquerait réellement les acteurs de cette production dans les décisions, c'est-à-dire qu'il serait moins déterminé par une rentabilité financière à court terme.

2 Un des nombreux problèmes des marchés carbone réside précisément dans la possibilité de vendre les quotas qui ne sont pas utilisés à une structure dont la production génère plus de carbone

plus vertueux doivent être encouragés : il faut non seulement créer les *conditions structurelles de la vertu*, mais aussi favoriser l'*inventivité économe de la biosphère*.

En conséquence, il s'agit de valoriser les comportements qui préservent et restaurent l'écosystème, d'un côté, pour qu'ils finissent par apparaître évidents pour tous, c'est-à-dire qu'ils deviennent des *normes*, de l'autre, pour distinguer socialement les plus vertueux afin qu'ils servent de *référence*. Cette reconnaissance peut prendre des formes honorifiques et symboliques mais aussi concrètes.

Ainsi une entité qui parvient à ne pas utiliser les quotas attribués doit être encouragée car non seulement les efforts en tant que tels méritent d'être récompensés, mais elle devient exemplaire dans son domaine d'activité et, à ce titre, joue un rôle d'entraînement. Les modalités concrètes de cette reconnaissance peuvent être non monétaires, indirectement ou directement monétaires. Comme la comptabilité en unités physiques visent à rompre avec la logique monétaire, les premières semblent préférables sans qu'il faille toutefois exclure, par principe, les dernières. Dans la première catégorie, l'accès préférentiel aux marchés publics semble un puissant levier. Par ailleurs, un report des reliquats peut aussi être envisagé pour permettre un investissement vertueux. Toutefois, il est aussi possible d'envisager des modalités de financement avantageuses, voire des aides plus directes à la formation ou à l'investissement dans des domaines prioritaires.

A contrario, le non respect du cadre écosystémique, peut conduire à tout un éventail de mesures allant de

---

que ce qui lui a été attribué. La considération des limites, qu'il faudrait autant que possible ne pas atteindre, s'efface alors derrière les *quotas* vus, dans un calcul ordinaire, comme une ressource du côté vendeur et une dispense de vertu, à petit prix, du côté acheteur.

l'avertissement à des sanctions graduées (fiscalité de mésusage[1]) jusqu'à la mise en demeure et finalement l'interdiction. Du reste, de façon générale, et sur des fondements divers[2], il existe déjà des traitements différenciés de produits qui peuvent être soumis à une réglementation plus moins contraignante - aucune restriction, déclarations, conditions particulières, limites, interdictions – ou encore être plus ou moins taxés, voire exonérés.

De façon générale, la mise en œuvre d'une comptabilité en unités physiques aurait plusieurs avantages. D'une part, elle permettrait de restaurer des conditions équitables pour les échanges marchands[3], opposables à tous les producteurs, la commercialisation des produits dépendant des données fournies, preuves à l'appui, et de promouvoir la qualité des productions et des échanges (produits eux-mêmes, dimension sociale). D'autre part, elle encouragerait des productions réellement économes de la biosphère, réduirait les transports, favoriserait des activités plus locales, et empêcherait le *greenwashing* dans la mesure où la communication fallacieuse ne pourrait plus prendre appui sur des données invérifiables.

Autrement dit, *retourner l'encastrement* revient à contenir, avec des *choix sociaux raisonnables*, l'activité humaine dans les limites écosystémiques. En soi cela

---

1 Paul Aries, 2007.

2 L'intérêt public, la santé, la sécurité, etc. peuvent justifier des interdictions, des contrôles, le respect de normes.

3 À cet égard, l'ancienne organisation des *métiers*, qualifiée par l'oxymore fallacieux de *monopole collectif*, est intéressante car elle place la concurrence dans un cadre réglementaire qui comporte un prix maximum et une qualité minimale (Yves Leclerq, 1998). *Supra*, chap. 2, § 3.1, p. 124.

n'empêche pas une certaine diversité dans l'organisation économique mais, en mettant l'objectif d'accroissement de la qualité écosystémique avant celui de la baisse des prix, ce *renversement* donne à la production matérielle un cadre qui modifie les pratiques.

Avec un tel changement, la concurrence et les progrès dans la production[1] sont d'abord mis au service du bien commun car les acteurs qui n'œuvrent pas en ce sens sont progressivement exclus du jeu économique. Pour autant, dans le respect de ce cadre écosystémique, l'activité productive et marchande retrouve son fonctionnement ordinaire où le prix peut retrouver une place[2].

En dépit des difficultés, au demeurant plus politiques que techniques[3], l'urgence à enclencher une dynamique vertueuse n'est plus à montrer. Aussi, dans notre proposition, si l'analyse doit être la plus complète possible afin d'anticiper les adaptations du dispositif, la mise en œuvre peut être modulée non seulement en fonction des

---

1 Alors qu'ordinairement la concurrence vise essentiellement à comprimer les coûts, à rechercher infiniment des gains de productivité avec les conséquences délétères bien connues, elle serait détournée dans une course à la qualité où les gains d'efficacité seraient d'abord déterminés par l'usage économe de la biosphère.

2 Si le prix ne peut pas jouer le rôle que la *coordination marchande* lui assigne en admettant qu'il synthétise toute l'information ; par principe, il ne s'agit pas de lui dénier toute fonction mais de le cantonner au second rôle.

3 *Politique* doit être entendu dans un sens très large : s'il s'agit bien sûr des décisions des élus, il faut surtout considérer les lobbys qui ne manqueront pas de s'y opposer (la résistance à l'étiquetage alimentaire le montre à l'envi). De même, *technique* renvoie à des aspects très différents, de la définition des unités physiques, des conversions, des estimations, des conventions, etc. au traitement des données.

structures concernées[1] mais aussi des aspects les plus vitaux. Comme le rôle joué par l'extraction et l'utilisation des matières fossiles est catastrophique tant pour le changement climatique que pour la biodiversité, il faut limiter au plus vite toutes les productions qui en exigent le plus. De même, et non sans lien, l'eau est essentielle à la vie elle-même : le manque d'eau en général et les difficultés d'accès à l'eau potable en particulier ont déjà des conséquences dramatiques dans toujours plus de régions du monde.

Dans un système intrinsèquement énergivore, la production de l'énergie est sans doute l'angle d'attaque le plus évident car celle-ci est toujours liée, dans des proportions variables, aux matières fossiles[2]. En ce sens, il faut s'intéresser non seulement à la nature de sa production mais aussi à la quantité produite. Si ce constat ne signifie pas que tous les autres aspects sont négligeables ou que les efforts ne doivent concerner que ce domaine, il indique toutefois une entrée en matière pertinente, et d'autant plus que quotidiennement chacun se trouve en situation de grande dépendance énergétique.

---

1 *Supra*, § 1.3, p. 148.

2 Pour nous l'énergie utilisée doit être saisie de deux manières. D'un côté, en tant qu'exploitation irréversible de la biosphère (charbon, pétrole, etc.) dans la mesure où elle concerne des matières fossiles, non renouvelables à l'échelle humaine, ou même des ressources, tel le bois, nécessitant pour leur renouvellement une certaine durée, du discernement et une action humaine. De l'autre, par son niveau d'utilisation lui-même puisque la production de toute énergie se répercute toujours plus ou moins sur l'écosystème. S'il est évident qu'il faut privilégier les sources énergétiques les plus économes de la biosphère, il n'en reste pas moins que notre voracité énergétique est problématique et qu'il faut rechercher une certaine sobriété.

3. CITOYENS ET UTILISATEURS

Même si l'énergie utilisée prend des formes diverses, les grandes pannes d'électricité montrent sans doute le mieux la dépendance énergétique et sa dimension systémique car ce mode énergétique touche de très nombreux aspects de l'organisation humaine. Ces dysfonctionnements révèlent à la fois la vulnérabilité, la résilience et l'essentiel à préserver impérativement.

Toutefois, la seule modification des façons de produire ne suffit pas. À quoi bon améliorer l'efficacité énergétique, si dans un processus cumulatif le mode de vie conduit à produire et à transporter toujours davantage ?
Si l'enjeu est de rompre avec les logiques de prédation et de dégradation inconséquentes, de se tenir en deçà des limites, il s'agit de mettre fin à l'accroissement de la production-consommation[1], de mettre le productivisme en cause. Autrement dit, changer radicalement nos modes de production et de vie afin de garder un écosystème humainement vivable, c'est-à-dire dans la terminologie polanyienne, *habiter autrement le monde* en reconsidérant le lien des hommes entre eux et avec la nature[2].

Jusqu'ici nous avons essentiellement abordé le mode de production et, en lien avec les grandes orientations socialement choisies, des modalités pour le contenir. Pour autant, il s'agit de ne pas occulter le lien étroit entre les modes de production et de vie : il reste alors à sensibiliser, l'utilisateur final aux effets délétères générés par son mode

1 Plutôt que le terme *décroissance,* destiné à provoquer la prise de conscience, le mot *a-croissance* semble adapté.

2 *Supra*, chap. 1, § 2.1, p. 34.

de vie[1]. Autrement dit, ce qui ne peut pas être pris en compte au niveau de la consommation intermédiaire, doit être intégré au niveau de la consommation finale, laquelle relève de choix individuels dans un cadre donné[2].

Finalement, il s'agit de trouver des modalités permettant de concilier les choix de chacun en tant que citoyen, soucieux du bien commun, et en tant qu'utilisateur sensible à son bien être et à ses préférences en tant qu'individu[3].

3.1. Priorités sociales choisies

Une condition essentielle de l'efficacité dans le changement de trajectoire réside dans l'adhésion citoyenne, laquelle suppose une parole réellement prise en compte, des informations, des procédures, des contrôles, une organisation fiable et une place déterminante attribuée à la justice sociale. En d'autres termes, non seulement la participation citoyenne ne peut pas être un simulacre mais

---

1 S'il va de soi que le modèle occidental n'est pas généralisable à l'ensemble des êtres humains. Pour autant, dans les pays les plus riches, il existe aussi de fortes disparités. Statistiquement les déprédations sur l'environnement sont liées au pouvoir d'achat.

2 Les choix individuels sont toujours enserrés dans un cadre. Si actuellement la contrainte budgétaire est essentielle, les choix possibles ne sont pas les mêmes pour tous et l'imaginaire social, significativement conditionné par la publicité, n'est pas indifférent. Il est donc évident, qu'ils dépendent aussi des choix de société.

3 Aujourd'hui tout se passe comme si les libertés individuelles pouvaient se réduire à des choix de consommation, sans du reste que les inégalités croissantes de pouvoir d'achat dans les populations ne soient une préoccupation évidente. Pourtant, comme le souligne Polanyi (*Supra*, chap. 2, § 3.3, p. 139) les libertés individuelles *essentielles* doivent être préservées.

le rôle et les conditions d'indépendance des expertises[1] doivent être précisées et les efforts écologiques réellement partagés. Des données explicites, obligatoires, fiables et accessibles doivent fournir la base des débats qui concernent différents niveaux démocratiques[2] en fonction de l'implication des choix. Prendre des décisions raisonnables[3], c'est-à-dire se départir d'un cadre économique étroit en partant de ce qui compte réellement et des conséquences concrètes induites, pour choisir après délibération les priorités, suppose l'accès et la compréhension des informations.

L'articulation des niveaux de délibération est fondamental non seulement entre les décisions collectives et individuelles mais aussi par un mouvement à double sens entre national et local. Si certaines orientations générales doivent relever du premier niveau, d'autres doivent s'ajuster à la diversité des situations sur l'ensemble du territoire, sous les conditions essentielles d'une juste répartition des moyens nécessaires et du respect du cadre commun.

La contrainte écosystémique oblige à penser, à diverses échelles, non seulement une certaine résilience territoriale mais aussi le lien entre, d'une part, les modes de production et de vie et, d'autre part, les implications sur la qualité de l'environnement, sur la santé des habitants et plus généralement, sur la biosphère. Si développer une certaine résilience territoriale ne doit en rien diminuer la solidarité des différents territoires, elle doit être envisagée au moins pour deux raisons. D'une part, diminuer notre

1 Le rôle de la prise de parole, du discours et de l'expert, dans l'œuvre de Albert Hirschman et les écrits de Philippe Breton, 2006.

2 Dominique Rousseau, 2015

3 Très différentes de la *rationalité standard* de l'*homo œconomicus*.

consommation énergétique et son cortège d'effets délétères, suppose de reconsidérer les transports de biens et les déplacements de personnes, c'est-à-dire la production qui peut se faire à une échelle territoriale raisonnable, afin de réduire drastiquement l'énergie gaspillée en transports liés à la production[1]. Comme à l'évidence la nature de la production conditionne à la fois l'échelle et l'implantation pertinentes[2], il ne s'agit pas de promouvoir un localisme productif étroit mais raisonnable. D'autre part, penser une certaine résilience permet d'envisager plus sereinement les situations d'isolement relatif, plus ou moins longues, auxquelles les territoires seront confrontés, notamment, mais pas seulement, en lien avec le changement climatique[3].

Par ailleurs, les organisations sociales actuelles contribuent à une dissociation entre les décisions ou actions humaines et leurs effets dans la mesure où le lien entre les unes et les autres n'est plus évident. L'éloignement des lieux de production, y compris énergétique, et du traitement des déchets[4] a pour effet d'occulter tous les méfaits non seulement à l'échelle

---

1 L'organisation productive actuelle génère non seulement un flux de biens insupportable mais souvent aussi des déplacements quotidiens importants entre le domicile et le lieu de travail.

2 Si certaines productions sont liées à des conditions naturelles (climat, relief, sol), d'autres ont des caractéristiques qui supposent une certaine échelle de fabrication ou un savoir-faire particulier dont l'acquisition est parfois longue.

3 Si d'une façon générale, une organisation productive essentiellement fondée sur les flux, toujours plus rapides, est intrinsèquement fragile, les dysfonctionnements liés aux effets de la transformation climatique l'accentuent. Pour autant, la perturbation des flux peut avoir des origines diverses plus ou moins liées ou non à l'activité humaine.

mondiale mais aussi nationale. Même si aujourd'hui certaines réalités sont davantage documentées et connues, leur capacité à affecter se réduit avec la distance et l'absence d'expérience. Or mettre en œuvre une certaine résilience revient à donner une proximité à un certain nombre d'activités, à réduire la dissociation et, finalement à placer les citoyens-utilisateurs en situation. Ainsi, en produisant l'énergie ou en transformant celle-ci (centrale de production électrique) à proximité des utilisateurs, non seulement les déperditions sont réduites mais leur poids écosystémique (pollutions, rejets dangereux) devient plus évident. Surtout cette localisation tisse un lien entre les modes de vie et la production énergétique induite, accompagnée de ses méfaits sur la biosphère et, plus généralement, sur le cadre de vie lui-même[1].

En d'autres termes, si l'utilisation locale d'énergie repose avant tout sur la production énergétique de proximité, les décisions démocratiques pour sa mise en œuvre s'appuieront sur les nécessités de la vie mais aussi sur les effets négatifs pour la population et son environnement qu'il s'agisse de dégradations touchant à la qualité de l'air, de l'eau, de la santé et de la vie en général ; ou encore du paysage ou de la biosphère. Sous condition d'informations fiables et comprises, les citoyens affectés dans leur vie quotidienne prendraient sans doute des décisions raisonnables[2] quant au niveau de production

4 Si souvent les productions les plus polluantes s'effectuent en Asie et les déchets électroniques *disparaissent* en Afrique, des répartitions analogues existent sur le territoire national, de Rouen à Bure.

1 À l'opposé du N.I.M.B.Y., acronyme de l'expression *Not In My Back Yard* (pas dans mon arrière-cour).

2 *A minima*, en connaissance de cause et probablement moins déraisonnables.

nécessaire et à la manière de l'obtenir[1]. Bien entendu, ce qui est vrai pour l'énergie se retrouve pour toutes les productions, y compris agricoles, ainsi que pour la transformation et l'élimination des déchets.

De manière générale, plus l'activité présente des dangers potentiels, plus elle doit être contrôlée non seulement par voie législative et administrative mais aussi par ceux qui risquent d'en être les premières victimes, dans l'unité productive et hors de celle-ci : risques de production, qualité des produits, nature et niveau des rejets. Le traitement des déchets est assez emblématique de cette mise à distance délétère car il ne devient une préoccupation que lorsque, d'une manière ou d'une autre, il touche les habitants. Tant que les déchets irréductibles sont enterrés au loin, tant que les abandons en pleine nature ne sont pas visibles, tant que dans une zone reculée les incinérateurs réduisent ce qui n'est pas récupérable, tant que les matériels électroniques terminent dans les décharges africaines, la multiplication des déchets n'est pas interrogée. En revanche, si la collecte des ordures devient défaillante, si la nappe phréatique est polluée, si les déchets sont abandonnés n'importe où, si leur croissance exponentielle nécessite la construction d'un incinérateur géant à proximité, etc. la question de leur réduction, et donc de leur production, devient plus prégnante.

1 Si les méfaits des centrales à charbon affectaient directement les utilisateurs de l'électricité ainsi produite ou si les consommateurs d'électricité d'origine nucléaire devaient stocker les déchets dans leur *arrière-cour*, les choix de production seraient sans doute assez différents tant sur la quantité jugée réellement nécessaire que sur la manière de la produire. L'altération des paysages par les éoliennes serait aussi mise en balance avec l'énergie ainsi fournie.

Un changement de trajectoire suppose de modifier radicalement les modes de production et de vie. Comme les limites de la biosphère s'imposent à l'humanité, les sociétés doivent impérativement s'organiser autrement, c'est-à-dire sous contrainte écosystémique. En d'autres termes, pour éviter une planète invivable pour les humains, il s'agit d'en devenir économe, c'est-à-dire d'intégrer des restrictions[1] dans la production matérielle afin de parvenir à des améliorations dans d'autres domaines.

En conséquence, il convient d'*habiter autrement le monde* par un *renversement* complet de valeurs[2] : un *retournement de l'encastrement,* en reprenant le terme et le propos de Polanyi : *« Le détrônement de l'efficience comme unique principe directeur est inévitable dans une société libre. »*[3]

Pour que cette transformation essentielle advienne il faut simultanément la compréhension indispensable des enjeux et l'adhésion sociale, laquelle suppose la participation démocratique[4] et le juste partage des efforts. Les grandes orientations doivent non seulement établir des priorités, des hiérarchies mais aussi les limites qui s'imposent au système productif comme à l'usage domestique.

---

1 À la différence de la Grande-Bretagne, en France, du fait de l'occupation, le rationnement est perçu négativement.

2 Ce qui revient à se départir d'une logique d'avoir, et toujours plus, pour une recherche du bien être, que certains qualifient en espagnol de *bien vivir*. Paul Ariès, 2007, note, p. 162.

3 Karl Polanyi, 2008, p. 563. L'auteur souligne.

4 Des modalités démocratiques constructives ont déjà été expérimentées de façon limitée par des comités de citoyens ou dans des organisations sociales à la recherche d'alternatives comme celles du Chiapas ou du Rojava.

En d'autres termes, tous les choix ne relèvent pas du collectif, sous la contrainte écosystémique clairement identifiée et réellement partagée, il faut aussi respecter des préférences individuelles.

3.2. Préférences individuelles

Comme les modes de production et de vie sont étroitement liés, il n'est pas possible de se désintéresser des façons de vivre. Le conditionnement publicitaire participe à l'entretien systémique d'une frustration perpétuelle, laquelle alimente une demande et une production sans fin. Or cet *hubris* mortifère correspond à un certain imaginaire social. S'il n'est pas immuable, les changements éventuels de valeurs ne s'effectuent que très progressivement, et d'autant mieux, que des modifications institutionnelles accompagnent le mouvement : là encore il s'agit de créer les *conditions structurelles de la vertu*.

Si chaque produit ou service est doté d'un *profil écosystémique*, il devient possible d'effectuer des achats éclairés ; au moins au plan informatif, un progrès. Toutefois la seule information reste insuffisante pour que la contrainte budgétaire ne reste pas première dans le choix de beaucoup. Pour autant, les dispositifs qui sont envisageables pour des entités ne sont pas simplement transposables pour les individus car il convient de considérer non seulement la complexité de la mise en œuvre mais aussi la liberté de chacun.

A priori, deux grandes catégories d'utilisation individuelle de la biosphère peuvent être envisagées : d'un côté, les décisions qui concernent directement l'énergie et l'eau, même si cette utilisation suppose aussi une production préalable ; de l'autre, les choix de produits ou services dont la production intègre, en amont et en aval, des prélèvements et des rejets écosystémiques.

Dans le premier groupe, deux domaines essentiels, au regard des ponctions et rejets, qui mettent à mal la biosphère et dont il est aujourd'hui impossible de nier les effets délétères sur la santé, voire la vie humaine. Comme une part importante de l'utilisation d'eau et d'énergie touche directement le mode de vie, leur usage domestique doit aussi être soumis à une limite tout en préservant, autant que faire se peut, les préférences individuelles.

Dans la mesure où l'eau destinée à l'usage domestique passe pour l'essentiel[1] par un réseau de distribution, la combinaison de trois types de mesures fondés sur les qualités, tarifs et limites, et qui n'ont rien de réellement nouveau, sont envisageables. Les caractéristiques de l'eau touchent à la fois à son origine et à sa distribution. Comme l'eau est un bien commun et sa distribution un *monopole naturel*[2], il va de soi que la mise à disposition relève des pouvoirs publics[3] : de la captation à la distribution, en passant par le contrôle et l'entretien du réseau ; sans oublier le retraitement des eaux utilisées. Il s'agit donc d'améliorer l'ensemble du dispositif non seulement pour

1 Pour autant, les forages directs méritent d'être considérés, en particulier lorsque leur importance tend à altérer les ressources en eau communes. Dans ce cas, les modalités doivent être semblables à celles du système productif.

2 Au même titre que les externalités, le *monopole naturel* est une défaillance de marché qu'aucun économiste ne devrait oublier. La décision de reprendre le contrôle de l'eau relève des grandes orientations (*Supra*, § 2.1, p. 173).

3 Anciennement, une forme répandue était la structure communale. Pour diverses raisons (captation, technicité, retraitement) l'échelle de mise en œuvre peut être plus large mais rester, autant que faire se peut, dans la proximité.

élever la qualité[1] de l'eau domestique mais aussi pour éviter les déperditions inacceptables[2]. Néanmoins, une utilisation plus vertueuse de l'eau passe aussi par une tarification *ad hoc*, c'est-à-dire un renversement complet des pratiques actuelles relatives à l'eau : suppression de la part fixe, gratuité des premiers m³, tarification progressive[3]. Toutefois, l'outil tarifaire doit être impérativement complété par une limite indépassable afin d'empêcher le gaspillage de l'eau et sa réduction à une *marchandise fictive* : pour un détenteur de pouvoir d'achat élevé le prix n'est pas déterminant.

En d'autres termes, il s'agit à la fois d'assurer un minimum tant en qualité qu'en quantité, d'encourager un usage économe de l'eau et, dans la mesure du possible, d'inciter à la collecte des eaux pluviales pour les usages domestiques pour lesquels la potabilité n'est pas requise (jardinage, nettoyage, etc.), d'éviter les déperditions et d'empêcher les gaspillages par l'usage abusif.

Par ailleurs, les ménages utilisent directement une part importante d'énergie pour le chauffage ou la climatisation

---

1 Ce qui suppose de contrôler en amont les rejets afin que la population ne soit pas réduite à acheter de l'eau potable en bouteille, comble de l'absurdité écosystémique : privatisation de la captation, transport sur de longues distances et production inconsidérée de bouteilles en plastique finissant en déchets dangereux pour le vivant.

2 Faute d'entretien, les fuites du réseau entraînent une déperdition importante. En France, selon GIsmartware le rendement du réseau d'eau potable est de 79,3 %, soit une estimation de fuite annuelle de 1300 milliards de litres. L'objectif de 2012 de limiter la déperdition à 19 % n'est toujours pas atteint.

3 À rebours de la tarification actuelle qui décourage les comportements vertueux : tarification dégressive au bénéfice des gros utilisateurs, part fixe considérable dans la facture des ménages les plus économes.

domestiques et le déplacement des personnes, lesquels génèrent aussi des rejets, notamment de gaz nocifs[1]. *A priori*, rien n'empêche de transposer la saisie des flux énergétiques et d'émission de gaz au niveau domestique. Dans une enveloppe donnée - un maximum indépassable -, chacun choisirait les usages préférés : transport, chauffage ou climatisation, utilisation d'équipements. Concrètement la saisie de ces flux s'effectuerait directement[2], lors de l'achat d'énergie[3] nécessairement associé à une carte *ad hoc* ; un dispositif qui doit offrir des garanties très fortes pour les personnes[4]. Sous cette contrainte énergétique, non seulement chacun déciderait de l'affectation préférée mais aussi, dans un domaine ou un usage donnés, confronterait les efficacités énergétiques. Il va de soi, qu'il s'agit aussi d'accompagner la réalisation d'économies d'énergie et aussi d'encourager les comportements vertueux.

---

1 Lorsque le transport résulte de l'achat d'un bien ou d'un service, il entre dans une consommation indirecte. Par ailleurs, une part non négligeable des transports est imputable à l'organisation productive elle-même ou à la manière plus générale de répartir les usages du territoire.

2 À ce niveau, il importe de saisir l'énergie utilisée et le carbone rejeté, les autres informations du *profil écosystémique* intéressant la production ou la transformation de l'énergie en amont relevant d'abord de choix collectifs.

3 Il s'agit de l'utilisation relativement directe d'énergie, celle qui est perceptible par chacun : électricité, gaz, fioul, carburant et aussi celle nécessité par l'utilisation de moyens de transport divers (sauf de proximité).

4 Cette carte pourrait s'appuyer sur ce qui existe déjà : par exemple, la carte vitale en matière de santé. Il va de soi que sa conception doit être pensée au seul service de son objectif (*a minima*, empêcher les recoupements avec d'autres fichiers) et ainsi protéger au mieux la vie privée des personnes, contrairement à la tendance actuelle (*Infra*, § 3.3, p. 186).

Dans le second groupe, l'utilisation du *profil écosystémique* doit être nuancée, notamment pour ne pas compliquer le quotidien des utilisateurs. Plusieurs solutions non exclusives peuvent être envisagées car il existe déjà des outils dont il serait possible de s'inspirer.

D'abord, le système de la carte, évoqué pour les limites énergétiques et carbone, pourrait être étendu à des domaines complémentaires ou différents si ceux-ci sont particulièrement tendus au regard de la biosphère. Ainsi, elle pourrait aussi concerner l'achat des *biens d'équipement énergivores* dès leur conception afin de prendre en compte notamment toute l'énergie induite. Les voitures fournissent un cas emblématique, pertinent pour tous les véhicules à moteurs, en particulier ceux qui nécessitent le plus d'énergie à tous les stades. Le *profil écosystémique* pourrait alors non seulement prendre en compte l'énergie nécessaire à la fabrication d'un véhicule et à son devenir après usage[1] mais aussi celle liée à son entretien. De même, ce procédé semble adapté lorsque la fabrication d'un produit, sa durée effective de vie, son usage et son devenir ultérieur sont particulièrement nocifs pour la biosphère non seulement au plan énergétique mais aussi des matières utilisées ; typiquement, le téléphone portable devenu le plus souvent smartphone, c'est-à-dire un modèle réduit d'ordinateur. Il va de soi que tous les matériels similaires posent le même type de problème : leur mauvais *profil écosystémique* étant aggravé par diverses formes d'*obsolescence*.

Par ailleurs, au plan énergétique, tous les *objets connectés* dans leur diversité doivent être considérés de manière particulière, l'énergie directe ne représentant qu'une petite part de celle nécessaire à leur fonctionnement. Derrière toute cette activité intangible se trouvent des équipements très matériels[1], de diverses manières, particulièrement énergivores et exigeants en matières premières. Toute cette utilisation énergétique qui échappe au regard est non seulement rarement évoquée mais jamais sérieusement interrogée dans l'extension des organisations immatérielles. En outre, elle montre l'imbrication des modes de production et de vie, donc la nécessité d'articuler choix collectifs et individuels.

Si les comportements individuels ne sont pas indifférents, loin s'en faut, ils résultent aussi des stratégies des firmes, de l'organisation productive et sociale et d'un environnement général incitatif[2]. À l'évidence, les infrastructures doivent relever de choix collectifs : le déploiement de la 5 G le montre à l'envi[3]. Si d'un côté, il faut décider collectivement des limites globales dans lesquelles cette activité et les infrastructures sous-jacentes doivent rester ; de l'autre, il s'agit non seulement

---

1 Câbles sous-marins, satellites, antennes relai, *data centers*, etc.

2 La multiplication des vidéos, en particulier en haute définition, le streaming, le télétravail, la dématérialisation de l'accès à certains services, les démarches en ligne, etc. En d'autres termes, toute l'organisation de la société repose toujours davantage sur la connexion, parfois sans solution alternative, au point de créer une nouvelle forme d'exclusion. Cette évolution est pour le moins paradoxale. D'autant que des inégalités territoriales supplémentaires apparaissent : alors même que la connexion devient quasi obligatoire, des zones entières sont mal reliées au réseau dont l'accès dépend d'opérateurs privés et non d'un service public.

3 La convention pour le climat avait décidé d'un moratoire car sa nécessité ne s'imposait pas aux yeux des citoyens tirés au sort et informés. La décision prise illustre non seulement, sous l'influence d'intérêts particuliers, un déni de démocratie mais aussi, à rebours des discours, une logique productiviste qui n'accorde aucune place à la biosphère.

d'interroger la multiplication des objets connectés mais encore en modifier significativement le *profil écosystémique* afin de freiner, voire empêcher, l'usage intempestif.

L'évolution des téléphones mobiles montre le mieux comment la conception même des objets, multipliant les usages, transforme les comportements et nécessite finalement des infrastructures toujours plus énergivores. S'il ne s'agit pas de dédouaner les utilisateurs de certaines pratiques, force est de constater que là encore la question systémique est trop souvent absente pour ne retenir que la seule responsabilité individuelle.

Néanmoins, pour un grand nombre de produits ou services, une régulation peut s'effectuer en amont sur la base du *profil écosystémique* par les outils réglementaires ou tarifaires. Depuis longtemps, le *respect de norme* conditionne la commercialisation de certains produits, en ce sens il ne s'agit que de prolonger cette manière de procéder en instaurant un niveau de qualité écosystémique minimal. À défaut le produit (ou service) ne peut pas être vendu. Autrement dit, dans une catégorie donnée, les produits qui ne satisfont pas, au plan de la biosphère, les *normes* requises sont interdits. Dans ce cas, celles-ci se fondent sur le *procédé le plus vertueux* et s'élèvent en même temps que celui-ci[1].

Une solution complémentaire et monétaire pourrait aussi être envisagée : la taxation différenciée. Parmi les produits qui présentent un *profil écosystémique* acceptable, le plus vertueux dans sa catégorie pourrait bénéficier d'une exonération fiscale afin d'inciter à le choisir.

1 Bien entendu, en tendance, la norme écosystémique doit s'élever et l'écart à la référence se réduire (par exemple un écart de 20 % progressivement réduit à 10) dans une logique similaire à celle aujourd'hui en œuvre en matière de productivité. *Supra*, § 2.2, p.153

Toutefois, la mise en œuvre d'une telle mesure introduit une complexité supplémentaire et, en creux, elle s'expose à deux critiques générales relatives aux impôts indirects : non seulement, en fonction de leur pouvoir d'achat, l'aspect monétaire n'a pas la même importance pour tous les utilisateurs, mais surtout des fraudes sont possibles et fréquentes dans la fiscalité indirecte, telle la T.V.A. Néanmoins, pour certains produits particuliers[1], le moyen peut être efficace et envisagé temporairement, il ne s'agit donc pas de l'écarter par principe. Dans ce cas précis, au niveau de chaque ménage, la réalisation des économies peut alors s'entendre dans deux sens, écosystémique et monétaire, la réduction de la pression sur la biosphère et l'amélioration du *bien être* s'accordant avec un prix avantageux.

Finalement l'enregistrement des flux physiques (prélèvements et rejets), accompagné de dispositifs *ad hoc*, en sensibilisant et en modifiant la relation à l'écosystème, en répartissant l'effort sur tous et en évitant le gaspillage des plus riches, devrait permettre à chacun l'accès à un minimum indispensable et, plus généralement, contribuer à un système très différent. Si une telle organisation sociale intègre des marchés, elle ne saurait être une Société de Marché.

3.3. Dispositif fiable et évolutif

> « Les institutions libres sont une caractéristique culturelle que nous avons le pouvoir, sur le plan juridique, d'éliminer ou de restaurer. […] La liberté

1 Les denrées alimentaires locales et respectueuses de l'écosystème permettent de réduire la pression sur la biosphère tant pour leur production que pour leur transport.

dans une société complexe nécessite un passeport inviolable. L'individu doit être protégé de toute pression non justifiée, qu'elle émane d'un individu ou d'une entreprise, d'une association ou d'une grande société, de la coutume ou de la loi »[1].

Un des problèmes, et non des moindres, est d'imaginer des modalités qui limitent, autant que faire se peut, l'intrusion dans la vie privée des personnes. Si d'une façon générale, les contrôles doivent être adaptés aux objectifs recherchés, sans zèle inutile, la question de la surveillance se pose en des termes très différents s'il s'agit d'une structure publique ou privée ou de personnes.

Si les possibilités informatiques permettent de collecter et de traiter des données écosystémiques indispensables à la mise en œuvre de notre proposition, il est aussi évident que la puissance même de l'outil exige des précautions particulières : le dispositif doit être *fiable* dans tous les sens du terme. Non seulement il s'agit d'obtenir des informations sûres qui permettent de saisir l'impact de l'activité humaine sur la biosphère et de prendre des décisions éclairées, mais il faut impérativement préserver la sphère privée, éviter les intrusions intempestives, interdire les recoupements de fichiers et, plus généralement, assurer leur sécurisation, à rebours d'une tendance trop souvent actuelle.

Par ailleurs, ces modifications essentielles doivent être accompagnées et encouragées. En d'autres termes, il s'agit, d'un côté, de prévoir des dispositifs permettant à chacun d'être plus économe, de l'autre, de valoriser la

1 *Ibid*, p. 554-5.

vertu, de préférence de façon non monétaire[1]. Dans les deux cas, les décisions collectives doivent préparer ces changements de comportement en les facilitant.

Ainsi, toute l'organisation sociale doit être repensée pour permettre de réels choix individuels, notamment par une meilleure répartition des activités et des services essentiels sur les territoires. Il va de soi, qu'une réduction de la distance entre le domicile et les lieux de travail, de soins, d'éducation, de loisir ou de culture permet de reconsidérer les déplacements des personnes tant en les réduisant qu'en permettant des modalités différentes[2]. En outre, s'il est nécessaire d'encourager les comportements vertueux afin d'enclencher de nouvelles habitudes, il faut aussi les valoriser afin de diffuser de *nouvelles normes sociales*,[3] toujours plus largement partagées.

De façon évidente, un tel dispositif ne s'improvise pas : non seulement, il demande la coopération de nombreuses disciplines, mais sa mise en œuvre est nécessairement graduelle car les imbrications du processus productif ne rendent pas tous les éléments immédiatement disponibles. S'il va de soi qu'il convient de s'intéresser d'abord aux activités primaires, celles-ci ne sont pas indépendantes des processus de transformations ultérieurs, notamment quant à l'utilisation de l'outil de production. Autrement

1 Critère d'accès non monétaire à des usages (logement, jardin, etc.) ou dispositifs spécifiques ; indirectement monétaires (aides à l'amélioration du logement), c'est-à-dire des modalités très éloignées de la logique marchande des droits d'émission.

2 Un certain nombre de déplacements individuels s'imposent aux personnes dans la mesure où il n'existe réellement ni d'autres choix ni d'autres modalités, c'est-à-dire des moyens de transports alternatifs envisageables.

3 Après des décennies de valorisation de la réussite monétaire, il faut envisager un chemin de sortie.

dit, si l'objectif est de saisir le *prélèvement réel* sur la biosphère, pour initier cette prise en compte, il sera nécessaire, pour certains aspects, de se contenter d'*estimations* dans l'attente de la disponibilité de données réelles elles-mêmes progressivement générées pas le nouveau processus de saisie. De même, s'il s'agit d'emblée de concevoir la possibilité d'une prise en compte très complète, la mise en œuvre doit s'intéresser d'abord aux prélèvements et aux rejets les plus délétères.

En d'autres termes, cette nouvelle façon d'appréhender l'impact sur la biosphère connaîtra une montée en charge progressive non seulement pour des raisons techniques intrinsèques mais aussi en fonction de l'urgence des problèmes à traiter. Des priorités qui, dans le temps, peuvent évoluer, se renforcer et s'étendre pour mieux intégrer la situation réelle et son évolution. S'il faut toujours vérifier que l'outil permet de servir les objectifs fixés pour changer de trajectoire, c'est-à-dire qu'il est effectivement adapté à la finalité démocratiquement décidée, de nouveaux domaines à surveiller particulièrement peuvent apparaître. En conséquence, il convient de corriger les faiblesses ou insuffisances, de toujours mieux intégrer les réalités et finalement de prévoir, autant que faire se peut, les nécessaires adaptations pour se doter d'une *comptabilité écosystémique évolutive* : en gardant le cap, ouvrir le chemin en cheminant.

CONCLUSION

Si les méfaits de l'activité humaine sur l'écosystème deviennent chaque jour plus évidents, si l'*empreinte écologique* ou le *jour du dépassement* contribuent à la prise de conscience de la pression de l'activité humaine sur l'écosystème, force est de constater qu'aucun changement de trajectoire ne s'opère et que la volonté politique fait défaut. Pourtant, devant l'accumulation des évidences, les gouvernements comme les *firmes transnationales*[1] ne sont pas restés inertes : à défaut d'agir pour véritablement transformer les modes de vie et de production, les efforts déployés pour que *rien ne change* sont remarquables[2] : d'abord pour dénier les impacts délétères de l'activité humaine, puis pour les minimiser et enfin pour donner l'illusion d'une prise de conscience et d'une action adaptée et déterminante.

Du vocabulaire aux actions pseudo vertueuses en passant par les déclarations ou conférences sans suite, aux

---

1 Ces firmes ont non seulement un *pouvoir normatif énorme* mais leur *logique* même est le problème essentiel : la mise en concurrence folle appliquée à tous les niveaux (États, salariés, fournisseurs, sous-traitants, etc.) conduit mécaniquement à l'abaissement des droits, sociaux en particulier, à l'évasion fiscale, à des fonctionnements déraisonnables, à la destruction de l'écosystème. Et d'autant plus que l'accroissement de leur puissance leur donne des moyens de pression énormes et qu'elles parviennent à obtenir des transformations législatives qui leur sont favorables. Pour reprendre le vocabulaire cher aux analystes de la concurrence, elles sont en position non seulement de faiseuses de prix (*price maker*) mais encore de règles (*rule maker*).

2 « Il faut que tout change pour que rien ne change » dit le prince Salina dans le Guépard de Visconti, film tiré du roman de Lampedusa.

engagements non tenus, rien d'essentiel n'a été entrepris depuis les années soixante-dix alors même que la trajectoire catastrophique se dessinait clairement. Si les intérêts particuliers à court terme ont joué à plein, les stratégies de diversion n'en sont pas moins révélatrices, devant l'accumulation des preuves, de la difficulté croissante à occulter la trajectoire mortifère dont la population prend toujours davantage conscience à mesure qu'elle est plus fortement et directement affectée.

Aujourd'hui, l'illusion de l'action est particulièrement pernicieuse car elle donne à penser non seulement que les problèmes sont pris en compte mais qu'aucun changement fondamental n'est nécessaire. Trier les déchets, recycler, remplacer la motorisation thermique par l'électrique, planter des arbres pour compenser les destructions, acheter des produits équitables et issus de l'agriculture biologique, etc. toutes ces actions vertueuses permettraient de *ne rien changer* à nos modes de production et de vie. Un discours particulièrement lénifiant qui facilite doublement le maintien de chacun dans une zone de confort : les petites actions quotidiennes permettent, d'un côté, de se donner bonne conscience et, de l'autre, de ne pas envisager un changement de mode de vie.

Du reste, pour l'essentiel, il s'agit toujours de souligner la responsabilité individuelle, presque jamais l'aspect systémique. Si les choix de chacun ont leur importance, ils ne sauraient être analysés sans interroger l'imaginaire généré par le système dont l'existence même dépend du maintien des personnes dans une frustration perpétuelle que la consommation sans fin n'atténue jamais mais, au contraire, alimente en poussant inévitablement à l'*hubris*.

Or toutes les études sérieuses montrent qu'un changement de trajectoire est nécessaire : il s'agit donc de penser une organisation sociale radicalement différente.

En France, la convention citoyenne pour le climat aura au moins montré deux choses : d'une part, des personnes tirées au sort dans la population, correctement informées, prêtes à envisager des changements considérablement plus radicaux que ceux habituellement portés par les dirigeants politiques ou économiques et, d'autre part, la vacuité des discours fallacieux et lénifiants.

Ainsi mettre en évidence les données réelles peut contribuer, d'une part, à une prise de conscience de la population tant sur la gravité de la situation que sur l'ampleur du changement nécessaire et, d'autre part, à la mise en évidence de la duplicité et de l'inaction des dirigeants. Encore faut-il que ces données ne soient pas occultées par une présentation avantageuse des projets, actions et bilans des responsables économiques ou politiques, ou encore, par la mobilisation d'éléments fallacieux qui ne reflètent ni l'inaction coupable ni la dégradation de la situation réelle.

En d'autres termes, les indicateurs pertinents ne doivent pas être laissés à l'initiative de ceux qui sont directement mis en cause dans les dysfonctionnements car, dans ce cas, il est certain qu'ils ne présenteront pas la réalité mais une image déformée, flatteuse et trompeuse. Typiquement, appréhender les questions écosystémiques sous le seul aspect monétaire revient à les assimiler à une quelconque marchandise[1], et donc de les rendre commensurables, et finalement, à tout permettre pourvu qu'on y mette le prix :

1 Le concept polanyien de *marchandise fictive* garde toute sa pertinence.

cette logique est particulièrement flagrante dans la mise en œuvre des marchés carbone ou dans les compensations de destructions. Cette manière d'aborder la biosphère est pour le moins paradoxale : alors que les modalités de valorisation usuelles du système sont responsables de la dérive mortifère, elles doivent apporter les solutions aux dysfonctionnements. Si les faits montrent l'inefficacité de la méthode, la présentation insidieuse des situations et des actions réelles, en entretenant l'illusion d'une réelle prise en compte, conduit à perdre un temps précieux, et d'autant plus qu'il n'existe pas de données concrètes qui permettent de véritablement de relier les estimations de l'*empreinte écologique* d'un pays et celle du citoyen.

S'il va de soi que les bénéficiaires à court terme du système s'opposent de toutes leurs forces au changement, il n'en reste pas moins que la mise en lumière des organisations, des décisions et des comportements délétères n'est pas indifférente, et d'autant moins que les imbrications multiples et l'incertitude écosystémique redonnent à l'événement une place centrale. L'inefficacité des expédients de court terme souligne non seulement la perte de maîtrise des effets autodestructeurs du système mais la nécessité de transformer radicalement la manière humaine d'habiter la planète.

Autrement dit, appréhender précisément à quels niveaux et dans quels domaines la pression écosystémique s'exerce peut non seulement contribuer à impulser un réel changement, à forcer la volonté politique, face aux évidences mais fournir des moyens concrets tant au service de grandes décisions d'orientation que des ajustements nécessaires à une relation plus raisonnable à la biosphère. Si fondamentalement, il s'agit de se départir d'une prise en compte monétaire, pour autant l'abandon de toute quantification n'est pas opportune parce que, d'une part, le chiffre est aujourd'hui central dans les prises de décisions et, d'autre part, il peut fournir des leviers efficaces, dont il ne faut pas se priver, pour servir des objectifs différents. Comme il faut partir du monde tel qu'il est, il convient d'opérer un *retournement* non seulement de l'*encastrement* au sens polanyien mais de tout ce qui a été développé et utilisé dans la logique même du système. En d'autres termes, créer un cadre différent en subvertissant la quantification, la mise en concurrence, la productivité, c'est-à-dire œuvrer à des *structures* qui favorisent la vertu tant écosystémique que sociale[1].

Il va de soi que *compter autrement* ne ne se limite pas à de simples modifications techniques. Les implications dépassent de loin les modalités de prise en compte qui supposent elles-mêmes un changement de *normes*[2] : la

---

1 Il ne s'agit pas d'attendre un changement de comportements individuels guidés par la morale mais de se donner les structures qui poussent l'ensemble de la société vers ces changements, c'est-à-dire vers d'autres *normes*. Le néolibéralisme s'est imposé non seulement par la diffusion toujours plus massive et efficace de ses idées mais aussi par le cadre législatif et social qu'il a patiemment construit. Par ailleurs, si par principe il ne convient pas de bannir toute forme de concurrence, il s'agit non seulement de la maintenir dans des limites raisonnables (ce que les anciens avaient compris) mais de la diriger prioritairement vers des objectifs socialement désirables : l'utiliser dans le but, non de la baisse inconsidérée des prix, mais de la hausse de qualité tant écosystémique que sociale. En d'autres termes, la concurrence n'éliminerait pas d'abord les producteurs par les coûts monétaires de production mais par l'insuffisance de la qualité de production.

2 Les normes comptables sont le reflet des *normes sociales*. La finance devenue hégémonique avec l'avènement du néolibéralisme a imposé ses normes en promouvant une *comptabilité créative*.

construction sociale sous-jacente, montrée par Derosières, est essentielle. Impulser une *trajectoire vertueuse* nécessite des *changements institutionnels* et un *renouveau démocratique*, rapidement abordés, lesquels dépassent de loin notre proposition de comptabilités fondées sur des unités physiques pour saisir concrètement l'impact sur l'écosystème du système économique et social. Ainsi, *compter autrement* les effets de l'activité humaine sur la biosphère participe aux changements et découle d'autres modifications. Les *normes comptables* adoptées ne sont jamais neutres mais dépendent directement de ce qui est valorisé ou pas ; selon leur nature elles peuvent servir des objectifs et des intérêts très différents. Dans une société obsédée par le chiffre, elles contribuent particulièrement à la modification des *normes sociales* plus générales. S'il s'agit de sortir d'une *logique économiciste*, avec ses hiérarchies plus ou moins explicites, de mettre en cause l'idée d'une *monnaie équivalent général* qui, en dernière analyse, permet de tout réduire à un prix, de servir le *bien commun* plutôt que les intérêts d'une minorité, alors changer les *normes comptables* n'est pas anodin[1]. Cette transformation aurait l'avantage de modifier notre façon d'être économes, de contribuer à changer nos modes de vie, nos comportements productifs sur la base d'une hiérarchie qui ne serait pas d'abord marchande, de rendre l'économie économe de l'écosystème et finalement de la mettre à sa place, seconde mais pas secondaire.

Néanmoins, avant d'être opérationnelle, cette proposition nécessite un travail transdisciplinaire important, précisément parce que les *unités de compte* sortent du

1 Sous l'hégémonie de la finance, les changements de *normes* opérés ces trente dernières années en témoignent.

champ habituel des économistes ou des comptables. Sortir de son domaine de connaissance (réflexion dite de silos), *a fortiori* s'aventurer dans d'autres disciplines, revient à s'exposer à l'insuffisance, aux approximations, aux erreurs, etc. que seule une connaissance plus approfondie permet d'éviter. Il va de soi que tous les apports constructifs sont à la fois bienvenus et indispensables. Il s'agit de partir de ce canevas, nécessairement incomplet, voire à certains égards approximatif, pour l'améliorer car, sauf erreur, dans les différentes disciplines, la plupart des éléments nécessaires existent déjà, il s'agit donc surtout de combiner, d'adapter des techniques et savoirs-faire.

De même, il paraît évident que les premières comptabilités de ce type seront inévitablement imparfaites, et de toutes manières toujours perfectibles, car fondamentalement, l'objectif est toujours de mettre en avant ce que, dans une société donnée, les citoyens jugent essentiel, tout en permettant une cohésion sociale suffisante pour vivre ensemble.

L'inefficacité des dispositifs destinés à endiguer les effets catastrophiques de nos modes de production et de vie sur la biosphère oblige à réfléchir à d'autres modalités, à imaginer des outils favorisant des solutions plus démocratiques, plus équitables et finalement plus efficaces pour préserver un écosystème humainement vivable.

ANNEXES

ANNEXE 1
BIODIVERSITÉ ET EAU DOUCE

1. BIODIVERSITÉ : TENDANCE GÉNÉRALE

L'indice Planète Vivante mondial de 1970 à 2018.

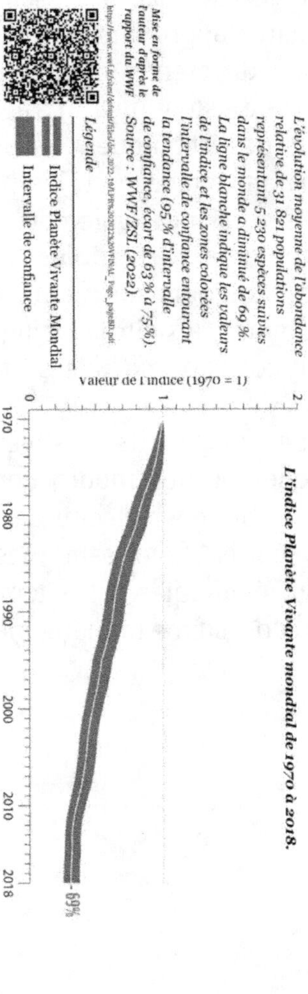

2. BIODIVERSITÉ : TENDANCE PAR ZONES

La Plateforme intergouvernementale scientifique et politique sur la biodiversité et les services écosystémiques (IPBES) divise le monde en différentes régions[39-45].

Valentina Marconi, Louise McRae et Robin Freeman (Société Zoologique de Londres)

Ce découpage est conçu pour suivre les progrès accomplis dans la réalisation des objectifs définis dans le cadre de la Convention des Nations unies sur la diversité biologique.

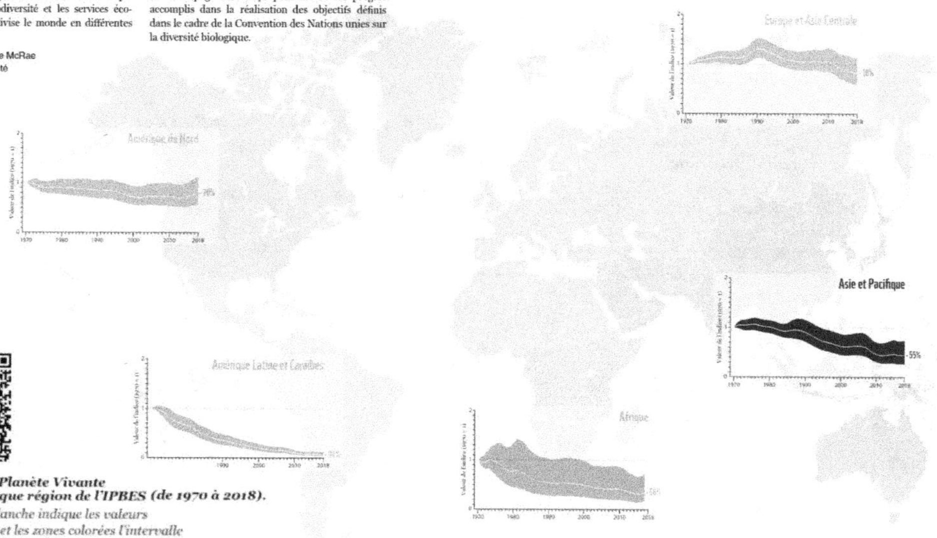

L'Indice Planète Vivante
pour chaque région de l'IPBES (de 1970 à 2018).
La ligne blanche indique les valeurs de l'indice et les zones colorées l'intervalle de confiance entourant la tendance (95 %).

Mise en forme de l'auteur d'après le rapport du WWF *Source : WWF/ZSL (2022)*

https://www.wwf.fr/sites/default/files/doc-2022-10/LPR%202022%20VFINAL_Page_pageBD.pdf

3. EAU DOUCE : ÉVOLUTION

l'indice Planète Vivante Eau douce de 1970 à 2018.

L'abondance moyenne de 6 617 populations d'eau douce dans le monde, représentant 1 398 espèces, a diminué de 83 %. La ligne blanche indique les valeurs de l'indice et les zones colorées l'intervalle de confiance entourant la tendance (95 % d'intervalle de confiance, écart de 74 % à 89 %). Source : WWF/ZSL (2022).

Mise en forme de l'auteur d'après le rapport du WWF

https://www.wwf.fr/sites/default/files/doc-2022-10/LPR%202022%20FINAL_Page_pageBD.pdf

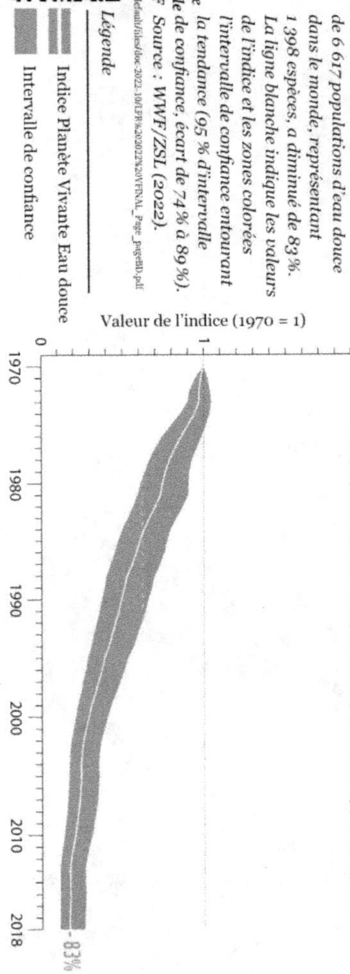

ANNEXE 2
SUPERFICIE FORESTIÈRE : ÉVOLUTION

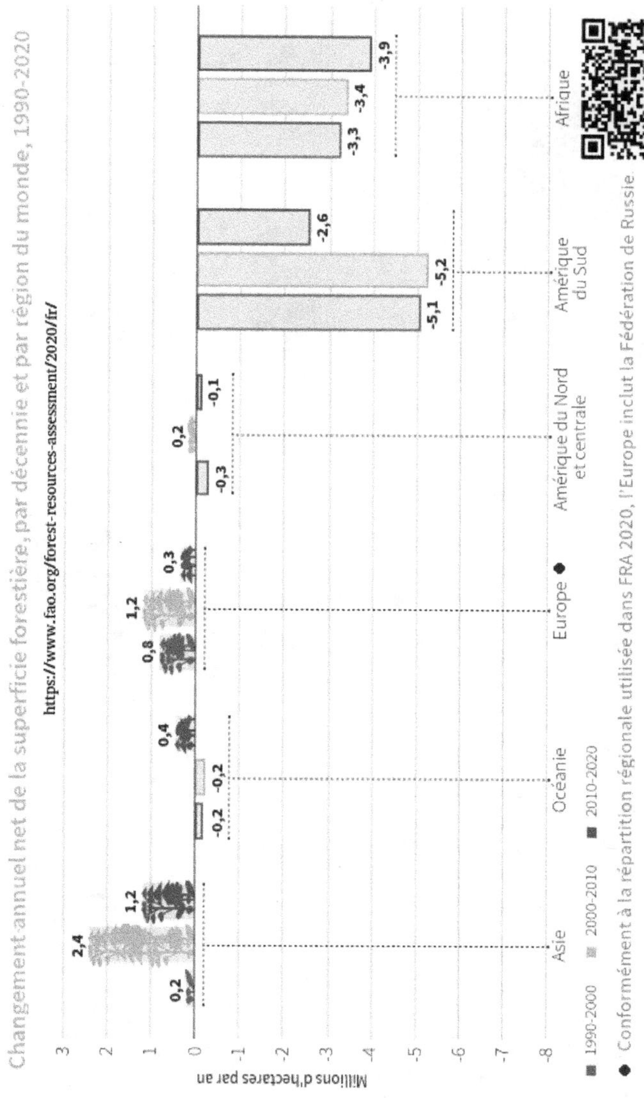

Mise en forme de l'auteur d'après le rapport de la FAO

Source : https://www.fao.org/3/CA8753FR/CA8753FR.pdf#page=5

ANNEXE 3
PRESSION ÉCOSYSTÉMIQUE
1. EMPREINTE ÉCOLOGIQUE TOTALE

Mise en forme de l'auteur

Source :
York University Ecological Footprint Initiative & Global Footprint Network. National Footprint and Biocapacity Accounts, 2022 edition. Downloaded [today's date] from https://data.footprintnetwork.org.

2. EMPREINTE ÉCOLOGIQUE PAR PERSONNE

Mise en forme de l'auteur

Source :
York University Ecological Footprint Initiative & Global Footprint Network. National Footprint and Biocapacity Accounts, 2022 edition. Downloaded [today's date] from https://data.footprintnetwork.org.

3. CAPACITÉ BIOLOGIQUE TOTALE

Mise en forme de l'auteur

Source :
York University Ecological Footprint Initiative & Global Footprint Network. National Footprint and Biocapacity Accounts, 2022 edition. Downloaded [today's date] from https://data.footprintnetwork.org.

4. CAPACITÉ BIOLOGIQUE PAR PERSONNE

Mise en forme de l'auteur

Source :
York University Ecological Footprint Initiative & Global Footprint Network. National Footprint and Biocapacity Accounts, 2022 edition. Downloaded [today's date] from https://data.footprintnetwork.org.

ANNEXE 4
IMBRICATION DES TROIS SPHÈRES

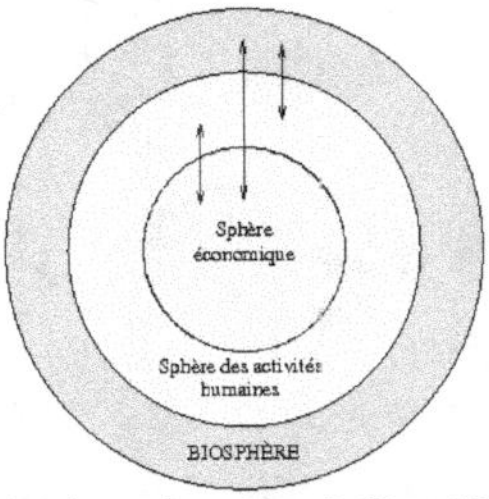

Mise en forme par l'auteur. Source : René Passet, 1979

Si le schéma de René Passet rappelle l'évidence de l'appartenance des êtres humains à la *biosphère*, il souligne aussi ce que ceux-ci ont oublié : les limites qui conditionnent l'existence même des sociétés humaines et que les différents sens du verbe contenir expriment clairement.

Cette représentation montre aussi que la *sphère sociale*, celle de toutes les activités humaines, doit elle-même contenir la *sphère économique* afin de la maintenir dans sa seule fonction : pourvoir à l'existence matérielle des êtres humains. Non seulement ce schéma rejoint le concept d'*encastrement* de Polanyi mais il donne à comprendre le *retournement* de celui-ci, à la fin du XVIIIe siècle, avec LA RÉVOLUTION INDUSTRIELLE dont les seules dimensions scientifiques, techniques et organisationnelles ne rendent que partiellement compte.

L'analyse polanyienne donne aux aspects idéologiques, institutionnels et plus généralement *normatifs*, c'est-à-dire finalement systémiques[1], toute leur importance.

---

1 À notre sens il est abusif d'évoquer antérieurement le système capitaliste ou le capitalisme car identifier dans des sociétés plus anciennes des comportements, des pratiques et des organisations, qualifiés rétrospectivement de capitalistes, ne suffit pas à en faire un système. Du reste, dans la plupart des sociétés, il serait possible de relever des aspects, plus ou moins épars, évoquant d'autres organisations sociales. Pour faire système, ceux-ci doivent précisément passer des marges au centre de l'organisation sociale, c'est-à-dire qu'ils s'institutionnalisent afin que les nouvelles *normes* deviennent *dominantes* et s'imposent à la société entière.

ANNEXE 5
CINQ CONCEPTIONS DE L'ÉTAT

L'essentiel compté autrement au regard des formes d'État

Dans cette perspective, *focus* sur la pertinence, ou non, de certaines caractéristiques.

	PENSER LA SOCIÉTÉ ET L'ÉCONOMIE	MODE D'ACTION	STATISTIQUES ET MODÉLISATIONS
PERTINENCE			
État ingénieur « La production et les hommes »	« Institution hiérarchisée et organisée rationnellement »	« Optimisation sous contrainte. » « Planification. » « Grands travaux. » « Vision à long terme. »	« Production en quantité physique. » « Tableaux d'échanges inter-industriels. » « Balances matières. »
État keynésien « La demande globale et ses composantes »	« Le marché ne peut pas fonctionner tout seul sans engendrer des crises. Il doit être régulé au niveau global. »	« Surveillance et pilotage du gap éventuel entre offre et demande globales […] »	« Comptabilité nationale »
NON PERTINENCE			
État néo-libéral « Polycentrisme, incitations, palmarès »	« Un grand marché. Concurrence libre et non faussée. Théorie de l'agence. Financiarisation. Court-termisme. Norme comptable de la Fair Value. Démultiplication des centres publics de décision en quasi-entreprises. Société du risque individualisé. Notion de capital humain . »	« New public management. Évaluation des politiques publiques. La comptabilité publique se rapproche de la comptabilité d'entreprise (LOLF). Passage des droits aux incitations. Bonus-malus. Marché du carbone. » « Transformation des administrations en agences. Contractualisation. Coordination par émulation : l'oxymore de la "coopétition". Partenariat public-privé. Gouvernance. »	« Construction d'espaces d'équivalence nouveaux, pour quantifier l'action publique. Objectivation des qualités contractuelles des statistiques. La rapidité est la plus importante. » « Construction et usage d'indicateurs pour évaluer et classer des performances. Le benchmarking européen complète ou remplace directives et règlements »

Commentaires : Pour des raisons différentes deux formes n'apparaissent pas : l'État libéral, en partie redondant avec l'État néo-libéral ; l'État providence qui concerne surtout l'indispensable protection des salariés, même si une forme similaire / étendue pourrait être pensée pour la biosphère.
Si dans la configuration de l'État néo-libéral, et du néolibéralisme en général, les débats sur le développement durable et autres oxymores du même type existent, force est de constater qu'ils font diversion sans conduire à mettre en cause les fondements systémiques de la trajectoire délétère pour la biosphère. De même, la critique de la quantification du PIB et de la croissance ne débouche ni sur une mise en cause essentielle, ni sur un changement de perspective et, *a fortiori*, de système ; en conséquence, nous ne les avons pas mentionnés ici.
Par ailleurs, Il est intéressant de constater que les configurations « ingénieur » et « keynésien » pourraient être revisitées pour développer différemment certaines statistiques (quantités physiques, inégalités sociales, comptabilité nationale), susceptibles de permettre d'intégrer la préservation d'une biosphère humaine vivable.

Source : d'après l'auteur à partir du tableau d'Alain Desrosières, 2009 (http://triangle.ens-lyon.fr/IMG/pdf/etatstats.pdf)

ANNEXE 6
PERTE D'ÉNERGIE ET ÉNERGIE NETTE

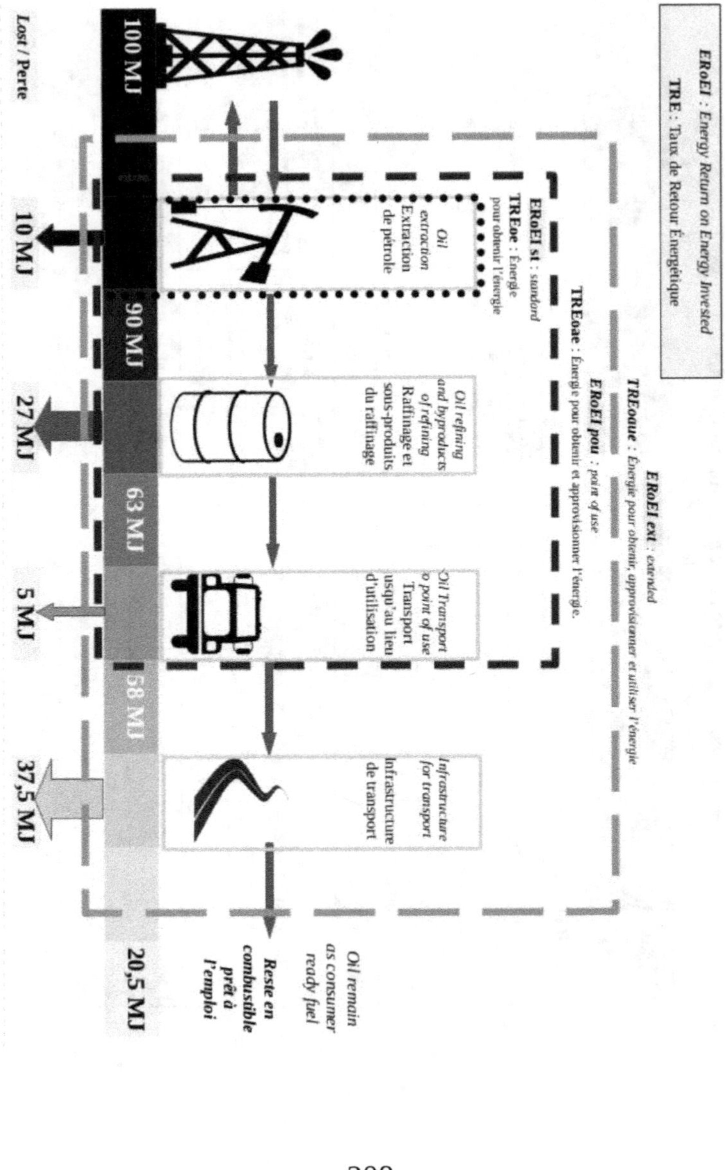

« La vraie valeur de l'énergie pour une société est l'énergie nette, celle qui reste après avoir soustrait les coûts énergétiques de l'acquisition et de la concentration de cette énergie. »[1]

Odum créé le concept d'**émergie** (*emergy*), c'est-à-dire l'énergie requise de manière directe ou indirecte pour produire un bien ou un service (*embodied energy*). L'unité correspondante est l'emjoule ou l'emcalorie. Il propose de ramener toutes les énergies au plus petit dénominateur commun : l'énergie solaire dont l'unité est le **Solar emJoule (SeJ)**.

Le taux de retour énergétique ou **ERoEI** (*Energy Return on Energy Invested*) est une autre notion qui met en évidence l'évolution dans le temps du rendement énergétique (de sa transformation). L'ERoEI est le rapport entre l'énergie récupérée et l'énergie consommée pour cette transformation. C'est un nombre sans unité. Plus précisément, **ERoEI Standard (st)** : tient compte de l'énergie requise pour obtenir l'énergie. **ERoEI Point of Use (pou)** : tient compte de l'énergie requise pour obtenir et approvisionner l'énergie. **ERoEI Extended (ext)** : tient compte de l'énergie requise pour obtenir, approvisionner et utiliser l'énergie

1 Howard T. Odum, 1973, cité par Benoît Thévard, 2013

ANNEXE 7
COMPTE DE FLUX ÉCOSYSTÉMIQUES

E6	Utilisation écosystème	écart	*n-1*	n	E876	Prélèvement	écart	*n-1*	n
E601	*Achats*	10	*710*	700	E8761	Énergie	100	*1100*	1000
E611	*Services extérieurs*	...	...	25					
E621	*Autres services extérieurs*	...	...	10					
E6811	*DAE* outil production	...	...	55					
E68511	*DAE* déchets	...	...	10					
E68512	*DAE* production	...	...	40					
	Reliquat	...	...	160					
		100	***1100***	**1000**			**100**	***1100***	**1000**

Source : d'après l'auteur

Codification choisie : Une adaptation des comptes de répartition des emplois et des ressources liés à l'activité annuelle selon le plan comptable général et, au début, un ajout de la lettre **E pour écosystémique** et, en fin du chiffre **1 pour énergie** qui peut donner lieu à des subdivisions. La présentation du compte elle-même est traditionnelle mais rien n'empêche d'en adopter une autre. En ce qui concerne les prélèvements écosystémiques, d'autres comptes sont à envisager : E876**2** Matières fossiles, avec subdivisions (+S) ; E876**3** Autres Matières (+S) ; E876**4** Bois (+S) ; E876**5** Eau qui fonctionnent de la même manière, en substituant au **1 d'énergie**, 2, 3, 4, 5 respectivement.

Explications complémentaires : *DA*E pour *dotations aux amortissements* **écosystémiques** qui concerne ici l'énergie nécessaire à la fabrication de l'outil de production, l'élimination (ou transformation) des déchets et le devenir des produits après usage. Comme il est probable que les ressources énergétiques seront ajustées d'une année sur l'autre pour s'adapter à la contrainte écosystémique, aux priorités, aux niveaux d'activité, aux progrès en efficacité écosystémique, il peut être intéressant de visualiser l'*écart* d'une année sur l'autre.

Lecture : 700 sur les 1000 unités de ressources énergétiques attribuées ont été utilisés pour l'achat d'électricité, de carburant et de matières premières (énergie associée). 60 unités correspondent à la *part énergétique annuelle* issue de la fabrication de l'outil de production qui va être utilisé pendant plusieurs années : sa fabrication a nécessité 600 unités énergétiques qui sont réparties annuellement sur une durée de vie de 10 ans. Dans le même esprit, 10 unités correspondent à l'énergie nécessaire au traitement des déchets générés par la production et 40 unités à celui des produits fabriqués mis au rebut après usage : l'énergie nécessaire au devenir des produits est de 200 répartie sur la durée de vie garantie de 5 ans. Dans l'illustration, toute l'énergie n'est pas utilisée.

Remarques : tant pour l'outil de production que pour les produits fabriqués, plus leur durée de vie est longue, moins l'énergie nécessaire à leur devenir pèse annuellement. En reprenant les chiffres précédents, si l'outil de production dure 20 ans, le poids énergétique annuel de fabrication n'est que de 600/20 soit 30. De même si les produits sont garantis 10 ans, l'énergie annuelle de leur devenir n'est plus que de 200/10 soit 20. Cette façon de faire pousse non seulement à augmenter la durée de vie de ce qui est fabriqué pour répartir l'énergie nécessaire sur plus d'années mais aussi à intégrer, dès la conception, un traitement après usage moins énergivore.

ANNEXE 8
SYNTHÈSE DES RESSOURCES ÉCOSYSTÉMIQUES

E876	**E8761**	E8762	E8763	E8764	E8765
Prélèvements écosystémiques	Énergie	Matières fossiles	Autres matières	Bois	Eau
écart					
n-1					
n	1000				
Reliquat	160				
%	16				

Source : d'après l'auteur

Remarques : Il va de soi que les comptes **E8762**, **E8763**, **E8764** sont subdivisés pour préciser la nature exacte des prélèvements : **E8762** (1. pétrole, 2. gaz, 3. autres ...) ; **E8763** (1. pierre, 2. sable ...) ; **E8764** (1. chêne, 2. hêtre, 3. sapin ...) et que, selon les domaines, seuls certains de ces comptes sont développés. Ainsi toutes les entités auront nécessairement un compte **E8761** et **E8764** car l'énergie et l'eau sont toujours indispensables à l'activité, même si parfois les quantités sont réduites. Dans l'illustration de la scierie, ce sera bien sûr **E8764** qui sera très développé ; les autres beaucoup moins mais ils comporteront tout de même les éléments issus de l'amont, notamment la fabrication de l'outil de production.

Nous avons fait le choix de distinguer l'énergie sans considérer son origine, car pour toute production il existe toujours un prélèvement sur l'écosystème (*Supra*, chap. 2,

1.1, p. 76) dont il s'agit précisément d'être économe. Ainsi la hiérarchie dans la pression écosystémique des énergies est saisie non seulement en intégrant les matières prélevées sur la biosphère et nécessaires à la construction (à l'entretien, au maintien et au démantèlement) de l'outil de production mais aussi à partir des prélèvements fossiles (et non reconstituables dans la temporalité humaine) - charbon, pétrole, gaz, uranium –, matière première à partir de laquelle se produit alors l'énergie. En outre, leur extraction, souvent très destructrice, est aussi en soi énergivore. Du reste, les matières fossiles, notamment le pétrole sont aussi utilisées à d'autres fins : engrais, plastiques, etc. Par ailleurs une analyse peut aussi être faite du compte **E***6* pour l'examiner dans le détail, en particulier, les postes du **E***60* et **E***681***1**, pour tenter de réduire par *item* la pression écosystémique non seulement pour rester dans le cadre fixé mais aussi pour faire les meilleurs arbitrages et dégager des reliquats.

ANNEXE 9
COMPTE ANALYTIQUE ÉCOSYSTÉMIQUE

Profil écosystémique	Énergie	Matières fossiles	Autres matières	Bois	Eau
***Produit** X*	2	1	0	1	0,2
Produit Z	1	0	0	3	0,1
***Service** W*	4	2	0	0	0,05

Source : d'après l'auteur

Lecture : afin de fabriquer le produit X et l'éliminer après usage, il faut 2 unités d'énergie, 1 de bois et 0,2 d'eau.

Remarques : lorsqu'une entité fabrique de nombreux produits, *a fortiori* très différents, la clé de répartition n'est pas évidente. Néanmoins, cette difficulté n'est pas propre aux unités physiques : le même problème se pose pour les coûts monétaires. À défaut d'exactitude, il faut alors chercher un degré d'approximation suffisant tout en veillant à une répartition plausible, c'est-à-dire qui ne cherche pas à minorer artificiellement le poids des unités physiques de certains produits afin de les faire paraître plus vertueux que les objets équivalents chez d'autres producteurs. Du reste, la même question se pose lors de la détermination du coût de revient monétaire d'un produit.

ANNEXE 10
ÉCONOMIE CIRCULAIRE ET P.I.B.

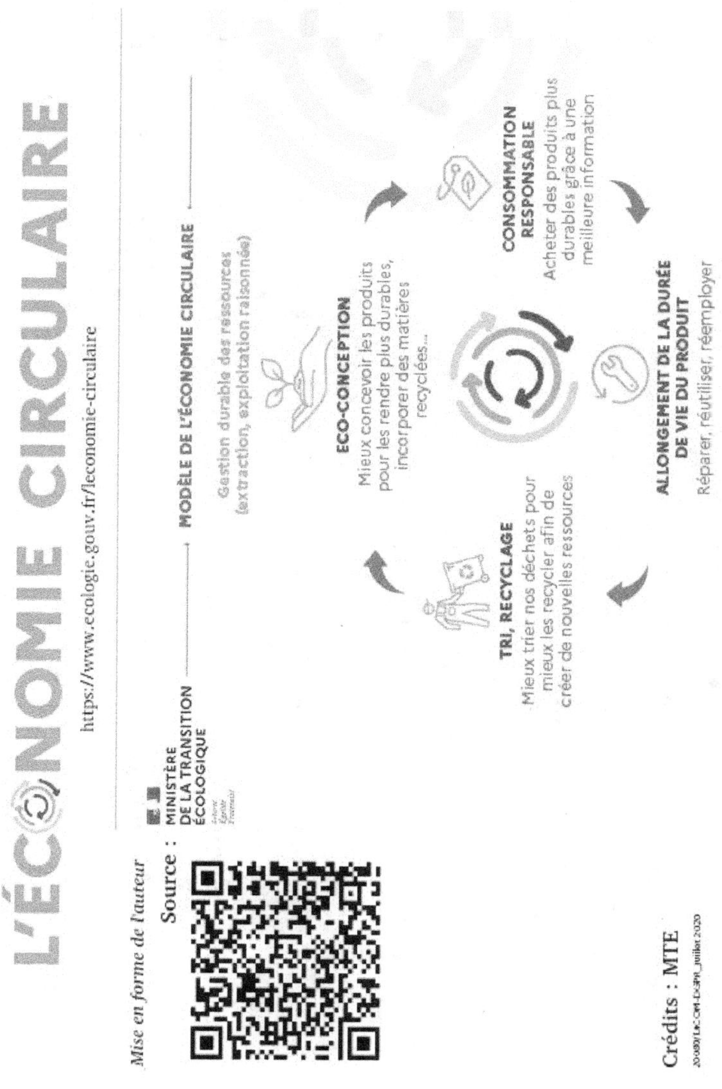

<table>
<tr><th colspan="7">A C T I V I T É   É C O N O M I Q U E   T O T A L E</th></tr>
<tr><th colspan="3">Activité formelle (= P.I.B.)</th><th colspan="4">Activité informelle</th></tr>
<tr><th>Secteur non marchand</th><th colspan="4">S e c t e u r   m a r c h a n d</th><th colspan="2">Secteur non marchand</th></tr>
<tr><td rowspan="2">Secteur non marchand public et privé

Comprend également les revenus fictifs ou attribués comme le loyer théorique qu'un propriétaire reçoit pour l'occupation de sa propre habitation</td><td colspan="2" rowspan="2">Biens et services marchands d'après les statistiques officielles</td><td rowspan="2">Économie au noir au sens strict</td><td rowspan="2">Économie criminelle</td><td colspan="2">(Aucune monétisation)</td></tr>
<tr><td>Travail domestique</td><td>Travail lié à l'entre-aide</td></tr>
<tr><td></td><td rowspan="2"></td><td rowspan="2">Économie grise</td><td colspan="4"><= Travail au noir occasionnel ou partiel</td></tr>
<tr><td></td><td colspan="4"><= Sous déclaration de production</td></tr>
</table>

Source : d'après l'auteur inspiré de Courrier économique et financier, KBC ; d'après Problèmes économiques n°2649, 19 janvier 2000

Important : le schéma ne donne aucune indication sur l'importance des différentes composantes incluses ou ignorées ; du reste, par nature ces dernières sont difficiles à saisir. Par construction, l'agrégat minore la production des administrations (publiques ou privées, telles les associations) précisément car celle-ci est non marchande. CASSIERS, 1998, en fournit une excellente analyse.

ANNEXE 11
GLOSSAIRE

AVERTISSEMENT : Comme certaines notions ou certains indicateurs couramment utilisés sont souvent mal connus, quelques précisions paraissent utiles pour lever les ambiguïtés.

PAR ORDRE ALPHABÉTIQUE

Croissance (économique), voir aussi *P.I.B. / P.N.B.* : désigne l'augmentation continuelle d'une richesse produite, pendant une période donnée, dans un espace défini. Elle est mesurée par la variation d'une période sur l'autre du P.I.B (parfois du P.N.B.), exprimée par une valeur monétaire, un taux ou encore, dans les deux cas, rapportée au nombre d'habitants d'un territoire donné.

Défaillance de Marché (voir aussi *Marché*) : une situation dans laquelle la *coordination marchande* est toujours en défaut, y compris un plan théorique, car même en multipliant les hypothèses irréalistes, le prix, supposé contenir toutes les informations, ne conduit pas à l'efficacité.

Économie circulaire : consiste à produire des biens et des services de manière durable en limitant la consommation, le gaspillage des ressources et la production des déchets. Il s'agit de passer d'une société du tout jetable à un modèle économique plus circulaire (ministère de la transition écologique). Indubitablement le modèle permet de satisfaire les besoins matériels d'existence de manière plus vertueuse, ce qui est nécessaire. Toutefois, comme il repose sur une production plus qualitative (conception plus durable, recyclage) choisie par les consommateurs, des usages plus judicieux (réparation, réutilisation) et un meilleur tri des déchets, implicitement, il se fonde essentiellement sur la modification de comportements individuels (produits choisis, usage, tri), ne met pas fondamentalement en cause les modes de vie, dans leur dimension systémique et, enfin, minimise les déperditions de matières à chaque cycle comme l'énergie nécessaire au recyclage. *Supra*, annexe 10.1 p. 215

Effet rebond : voir *Paradoxe de Jevons*.

Efficience : aptitude (d'une machine, d'une technique, d'une personne ou d'une entreprise) à fournir le meilleur rendement. Quasi-synonyme d'efficacité, productivité (d'après CNRTL). L'idée est celle d'un maximum de résultats avec le minimum de moyens, qui en économie renvoie à la *rationalité*.

Élasticité de la demande par rapport prix : sensibilité de la demande lors d'une variation de prix.

Externalités (voir aussi *défaillance de marché*) : un effet positif ou négatif extérieur généré par l'activité économique d'une firme qui, faute de prix, échappe à la *coordination marchande* et constitue donc une *défaillance de Marché*. Ainsi l'apiculture génère des effets positifs extérieurs en contribuant à la pollinisation. À l'inverse, les rejets polluants de toutes natures sont des externalités négatives évidentes.

Extractivisme : exploitation massive et infinie des ressources de la biosphère.

Gosplan : Lié au Conseil des ministres, le Comité du plan d'État, organe central de la planification soviétique, planifiait les objectifs fixés par le Parti communiste et le gouvernement.

Homo œconomicus (voir aussi *rationalité standard*) : expression latine pour désigner un individu dont le comportement serait toujours rationnel, au sens restreint du calcul. Selon Sébastien Plociniczak (2007, p. 219-220) « L'Homo œconomicus n'est pas un modèle d'homme naturel grandissant isolé, mais la représentation d'une adaptation absolue du comportement humain aux structures de l'économie de marché idéalisée. » *Supra*, note, p. 45

L.O.L.F. : dans une démarche de budgétisation orientée vers la performance, la Lois Organique relative aux Lois de Finances, « institue des Projets annuels de performance (PAP) pour les différentes administrations de l'État. Les objectifs sont évalués l'année suivante dans les Rapports annuels de performance (RAP). » Ministère des finances.

Marchandise (voir aussi *Marchandise Fictive*) : Nous retenons la définition de Polanyi « *objets produits pour la vente* » qui, contrairement à d'autres, inconsistantes (*tout produit susceptible d'être* acheté ou vendu) ou encore tautologiques (*ce qui s'échange sur un marché*), est signifiante en mettant l'accent sur l'intentionnalité.

Marchandise fictive : concept polanyien qui désigne des éléments essentiels à l'économie marchande comme des marchandises alors qu'ils n'en sont pas. « le travail, la terre et l'argent sont des éléments essentiels à l'industrie » « Aucun de ces trois éléments - travail, terre, monnaie - n'est produit pour la vente ; lorsqu'on les décrit comme marchandises, c'est entièrement *fictif* » Cette fiction est nécessaire pour faire advenir la *norme* marchande indispensable à une société marchande. (*Supra*, p.38)

Marché : Sans doute un des termes les plus polysémiques et ambigus en économie car son emploi non rigoureux entretient une grande confusion. Le *Principe de Marché*, le *Système de Marché*, l'*Économie de Marché* ou la *Société de Marché* (expressions équivalentes) font du *Marché* (au singulier, avec un M majuscule) un mode de *coordination général*, ce qui le distingue radicalement des *sociétés AVEC des marchés*. Rabattre l'un sur les autres nuit à la réflexion. Si depuis l'antiquité il existe des marchés au sens de *lieux* réels (qui existent toujours), voire fictifs (au sens, de biens d'une certaine nature susceptibles d'être achetés), *Le Marché* dit autorégulateur n'émerge qu'à la fin du XVIIIe siècle avec la métaphore de la *main invisible* popularisée par Adam Smith. Dans cette optique la *coordination marchande* permettrait d'atteindre une situation optimale, démentie depuis tant par la réalité que la théorie. Comme le souligne Maucourant, 2003, ce principe « selon lequel un ensemble suffisant de marchés, liés entre eux, est à même de régler la reproduction sociale » est une « fiction organisatrice du social », laquelle continue à structurer la vie économique et sociale (imaginaire, institutions, normes) « alors, qu'en réalité, cette autorégulation figure plus l'idéal social qui légitime ces marchés que la réalité d'une autorégulation qui est souvent chaotique ou catastrophique ».

Monopole : situation dans laquelle il existe un seul producteur ou vendeur qui donne au monopoleur un pouvoir exorbitant sur le marché car il est un faiseur de prix (*price maker*). Ce pouvoir existe aussi lorsqu'il n'y a qu'un seul acheteur (monopsone) et, le plus souvent en situation d'oligopole (quelques producteurs ou vendeurs) ou oligopsone (quelques acheteurs) car les ententes sont alors fréquentes.

Monopole naturel (voir aussi *défaillance de Marché*) : situation dans laquelle la production est plus efficace lorsqu'il n'existe qu'un seul producteur du fait de caractéristiques spécifiques (infrastructures importantes, réseau, etc., telle la distribution d'eau) ; la mise en concurrence est alors contre-productive et illusoire. Dans ce cas, seule la production publique (à un échelon adapté) permet d'éviter la captation privée d'une rente de situation par des prix très supérieurs au coût de revient.

Norme : Loi d'usage, état légal, conforme à la règle établie par la société. La norme peut être formelle (texte de loi) ou informelle (habitude, manière de se comporter, de faire), explicite ou implicite.

Nudge : souvent qualifié de paternalisme libertarien, est pour ses concepteurs, Richard Thaler et Cass Sunstein, « une méthode douce pour inspirer la bonne décision ».

Ordolibéralisme : Une forme particulière de néo-libéralisme d'origine allemande (Fribourg). Contrairement à d'autres partisans du libéralisme économique, qui prétendent que le *Marché* serait une institution spontanée et que les dysfonctionnements résulteraient de tout ce qui l'entrave ou qu'ils seraient un moindre mal, après la crise de 1929 et pendant la grande dépression qui s'ensuit, les ordolibéraux proposent de construire une *Société de Marché*. Il s'agit explicitement de mettre l'État au service de celle-ci en créant notamment un cadre législatif adéquat fondé sur les avantages supposés de la concurrence. En d'autres termes, dans l'ordolibéralisme, la coordination marchande n'a rien de spontané, ce qui assigne une mission essentielle à l'État : créer et maintenir la concurrence. Si tel est le cas, le fonctionnement économique et social tend vers un optimum, ce qu'exprime le mot *social* dans l'expression *Économie Sociale de Marché* qui, à l'origine, renvoie à la mise en œuvre concrète de l'ordolibéralisme. Elle est ambiguë car l'organisation sociale réelle allemande s'est heurtée à l'attachement de la population aux protections sociales antérieures mises en œuvre dès Bismarck. L'ordolibéralisme joue un rôle très important dans l'U.E.

Paradoxe de Jevons : couramment qualifié d'*effet rebond*, souligne que l'utilisation globale d'énergie augmente alors même que les améliorations techniques permettent d'augmenter l'efficacité énergétique.

P.I.B. : Produit Intérieur Brut. Il s'agit d'un agrégat, c'est-à-dire un indicateur synthétique de la comptabilité nationale, créé au milieu du XXe siècle, dont l'objectif originel était de donner aux pouvoirs publics une certaine visibilité de l'activité économique globale du pays. Il renvoie à la production sur un territoire donné (souvent, le pays), pour une période donnée (souvent, l'année), d'un certain *flux* (non un stock) de richesse créé, à un stade ou un autre monétarisé et licite, duquel, comme l'indique le terme Brut, l'usure de l'outil de production n'est pas retiré. *Supra*, annexe 10.2, p. 216.

P.N.B. : Produit National Brut. Se différencie du *P.I.B.* par les entités prises en compte, c'est-à-dire la substitution du critère de nationalité (du producteur) à celui de territorialité (lieu de production). Il est souvent privilégié par les États-Unis.

Productivité : dans le domaine économique, rapport entre la production et les différents facteurs qui ont permis de l'obtenir (travail, dépenses engagées). La productivité est donc une expression de l'*efficacité* ou de l'*efficience*, liée à la *rationalité standard*. Une firme qui évoque la rationalisation, fait implicitement référence à la réduction de coûts et à l'augmentation de la productivité.

Rationalité standard : l'*homo œconomicus*, supposé rationnel, renvoie au comportement individuel incorporé par les modèles néo-classiques à partir de la seconde moitié du XIXe siècle : cette rationalité, dite standard, ne se confond pas avec le *raisonnable* (choix après délibération) mais se réfère au calcul (ratio), avantages - coûts, afin de toujours maximiser l'utilité individuelle. Si une telle hypothèse facilite la modélisation, elle est non seulement irréaliste au regard de la variété des comportements réellement observés et théoriquement infondée (*rationalité limitée* mise en évidence par Herbert Simon) mais elle suppose aussi de tout réduire à un prix et de faire fi de l'incommensurable. Pourtant, Gary Becker, économiste de la très libérale école de Chicago, a prétendu l'étendre à toutes les activités humaines.

R.S.E. : Responsabilité Sociale (ou Sociétale) des Entreprises, définie par la commission européenne comme l'intégration *volontaire* par les entreprises de préoccupations sociales et environnementales à leurs activités commerciales et leurs relations avec les parties prenantes.

Firme transnationale : si son siège social lui donne une nationalité, sa logique organisationnelle est mondiale (plutôt que multinationale), c'est-à-dire que tout au long du processus de conception, de production, de distribution et de financement elle est d'emblée pensée à cette échelle, afin de tirer par une mise en concurrence généralisée des acteurs, des institutions, des législations et des normes, un maximum d'avantages des divers choix de localisation.

Bibliographie

Avertissement : Si certains documents ne sont accessibles qu'en ligne, d'autres bénéficient d'un support papier et d'un support numérique : dans les deux cas, nous avons précisé l'adresse de ce dernier dans l'appendice.

ACTES du premier colloque sur l'Écologie Politique, 2014. Feger, Rambaud, 2014 « Apports et rapports mutuels de la gestion et de l'écologie politique : essai d'articulation par la comptabilité. » ; Harribey, 2014, « Retour à la critique de l'économie politique pour examiner la question de la valeur de la nature. »

ARIES PAUL, 2007, Le Mésusage, essai sur l'hypercapitalisme, Parangon, Paris, 176 p.

AZAM GENEVIÈVE, 2007, « La connaissance, une marchandise fictive [1] », Revue du MAUSS, 2007/1, n° 29, p. 110-126.

BARDET ALAIN, 2015, La contre-révolution comptable : ces chiffres qui (nous) gouvernent, Belles Lettres, Paris, 374 p.

BASCHET JÉRÔME, 2016, Adieux au capitalisme, La Découverte, Paris, Paris, 208 p.

BASCHET JÉRÔME, 2019, La rébellion zapatiste : Insurrection indienne et résistance planétaire, Flammarion, Paris, 400 p.

BOHLER SÉBASTIEN, 2020, Le bug humain, Pocket, Paris, 288 p.

BIHOUIX PHILIPPE, 2011, Des limites de l'économie circulaire : la question des métaux ; séminaire institut momentum, 16/12/11.

BIHOUIX PHILIPPE, 2014, L'Âge des low-tech : Vers une civilisation techniquement soutenable, Seuil, coll. «Anthropocène », Paris, 336 p.

BLOCH MARC, 1954, Esquisse d'une histoire monétaire de l'Europe, Armand Colin, Cahier des Annales n° 9.

BOLTANSKI LUC, CHIAPELLO ÈVE, 2011, Le nouvel esprit du capitalisme, Collection Tel (n° 380), Gallimard, 1999, Paris, 980 p.

BRETON PHILIPPE, 2006, L'incompétence démocratique. La crise de la parole aux sources du malaise (dans la) politique, La Découverte, Paris, 264 p.

CASSIERS ISABELLE, 2015, «Contours et limites de la comptabilité nationale » , Cahiers Français, Vol. 286, n° mai-juin, p. 3-9.

CHEVALLIER CORALIE, PERONA MATHIEU, 2022, Homo Sapiens dans la cité, Odile Jacob, Paris, 288 p.

DEROSIÈRES ALAIN, 2008, Pour une sociologie historique de la quantification : L'Argument statistique, Presses des Mines, Paris, 330 p. Nouvelle édition [en ligne, généré le 02 mars 2023). Disponible sur Internet.

DEROSIÈRES ALAIN, 2009, « L'État, le marché et les statistiques, Cinq façons d'agir sur l'économie ».

DEVICTOR VINCENT, 2015, Nature en crise : penser la biodiversité, Seuil, 368 p.

DOURSON FABIENNE, 2009, « Qu'apporte la notion d'encastrement, au sens où l'entend Karl Polanyi, à la compréhension des thématiques de la décroissance ? », Actes des IXes Rencontres Internationales du RIUESS.

DOURSON FABIENNE, 2020, « Vivre du sien versus produire pour vendre », Séminaire interdisciplinaire d'histoire économique.

F.A.O., Évaluation des ressources forestières mondiales 2020, Rapport principal.

FLEMING DAVID, 1996, « *Stopping the Traffic* », Country Life, vol. 140, 19, 9 May 1996, p. 62-65.

FLEMING DAVID, 1997, « *Tradable Quotas : Using Information Technology to Cap National Carbon Emissions* », European Environment, 7, 5, Sept-Oct 1997, p. 139-148.

FLEMING DAVID, 1998, « *Your Climate Needs You* », Town and Country Planning, 67, 9, October, 1998, p. 302-304.

FRESSOZ JEAN-BAPTISTE, LOCHER FABIEN, 2020, Les révoltes du ciel, une histoire du changement climatique XVe-XXe siècle, UH, Seuil, Paris, 320 p.

FUREIX EMMANUEL, JARRIGE FRANÇOIS, 2015, La modernité désenchantée : relire l'histoire du XIXe siècle français, La Découverte, Paris, 392 p.

GADREY JEAN, JANY-CATRICE FLORENCE, 2016, Les nouveaux indicateurs de richesse, Repère, La Découverte, Paris, 2005, 128 p.

GALBRAITH JOHN KENNETH, 1967, Le Nouvel État industriel, Gallimard, coll. Bibliothèque des Sciences Humaines, Paris, 416 p.

GARCIA RENAUD, 2020, La collapsologie, ou l'écologie mutilée, Édition L'échappée, Paris, 160 p.

GRAS ALAIN, 2007, Le choix du feu, aux origines de la crise climatique, Fayard, Paris, 288 p.

GUERRIEN BERNARD, 2007, L'illusion économique, Omnisience, Mouans-Sartoux, 224 p..

GUIEN JEANNE, 2021, Le consumérisme à travers ses objets, éditions Divergences, Paris, 224 p.

HALL, LAMBERT, CHARLES, 2012, *EROI of Global Energy Resources Preliminary, Status and Trends,* State University of New York, College of Environmental Science and Forestry.

HIRSCHMAN ALBERT O., 2017, *Exit, voice, loyalty* - Défection et prise de parole – Édition de l'université de Bruxelles, 1970, 158 p.

HIRSCHMAN ALBERT O., 1991, Deux siècles de rhétorique réactionnaire, Paris, Fayard, Paris, 300 p.

JANY-CATRICE FLORENCE, 2009, « Des indicateurs alternatifs de "richesse" : lesquels ? et pour quels usages ? », Forum FAIR.

JEVONS W. STANLEY, 1865, *The Coal Question. An Inquiry Concerning the Progress of the Nation, and the Probable Exhaustion of Our Coal Mines*. London and Cambridge ; Macmillan and Co, 370 p.

KEMPF HERVÉ, 2020, Que crève le capitalisme, ce sera lui ou nous, Seuil, Essais, Paris, 128 p.

KEYNES JOHN MAYNARD, 2017, Lettre à nos petits-enfants, Les liens qui libèrent, [1e édition] Perspectives économiques pour nos petits-enfants, 1930, 60 p.

LATOUCHE SERGE, 2003, Décoloniser l'imaginaire : La Pensée créative contre l'économie de l'absurde, Parangon, Paris, 173 p.

LATOUCHE SERGE, 2011, Vers une société d'abondance frugale, Petits Libres, Paris, 208 p.

LE BRET DIDIER (DIR), 2022, Rendez les doléances ! Enquête sur la parole confisquée des Français, JC Lattès, Paris, 192 p.

LECLERQ YVES, 1998, Histoire économique de la France de l'Ancien Régime, Armand Colin, Malakoff, 192 p.

LIETAER BERNARD, 2011, Au cœur de la monnaie. Systèmes monétaires, inconscient collectif, archétypes et tabous, Yves Michel, Gap, 600 p.

LORDON FRÉDÉRIC, 2013, La Société des affects : pour un structuralisme des passions, Éditions du Seuil, coll. « L'ordre philosophique », Paris, 320 p.

MALM ANDREAS, 2020, La chauve-souris et le capital - Stratégie pour l'urgence chronique, La Fabrique, Paris, 160 p.

MALLET LOÏS, 2020, « Le rationnement, un impensé politique », 28 septembre 2020, I.E.P. Paris.

MAUCOURANT Jérôme, 2003, « Karl Polanyi, les marchés et le Marché », *Actes du colloque Karl Polanyi et le marché*, 12/06, Nanterre, MSF1 René-Ginouvès / Les Colloques en ligne, 2004.

MAYER HILLMAN, TINA FAWCETT, 2004, *How we Can Save the Planet*, London, Penguin Books, 192 p.

MILL JOHN STUART, 2014, Principes d'économie politique, Hachette-BnF, Paris, 1894, 283 p.

MILL JOHN STUART, 2018, L'utilitarisme, Flammarion, Champs classiques, Paris, 1861, 192 p.

ODUM HOWARD T.,1973, « *Energy, ecology and economics* » Royal Swedish Academy of Science, AMBIO, 2 (6), p. 220-227.

ORLÉAN ANDRÉ, 2011, L'Empire de la valeur. Refonder l'économie, Seuil.

OXFAM, 2020, Combattre les inégalités des émissions de CO2, la justice climatique au cœur de la reprise post covid-19, rapport du 21/09/20.

PASSET RENÉ, 1979, L'Économique et le vivant, Payot, Paris, 294 p.

PASSET RENÉ, 2010, Les grandes représentations du monde et de l'économie, à travers l'histoire, Les liens qui libèrent, Paris, 860 p.

POLANYI KARL, 1983, La grande transformation, Gallimard, Paris, 1944, 420 p.

POLANYI KARL, 2008, Essais, Seuil, Paris, 1922-64, 592 p.

PLOCINICZAK SÉBASTIEN, 2007, « Au-delà d'une certaine lecture standard de La Grande Transformation [1] », Revue du MAUSS 2007/1, n° 29, p. 207-224.

ROUSSEAU DOMINIQUE, 2015, Radicaliser la Démocratie - Propositions pour une refondation, Seuil, Paris, 272 p.

ROBIN MARIE-MONIQUE, SERGE MORAND, 2021, La fabrique des pandémies : Préserver la biodiversité, un impératif pour la santé planétaire, La Découverte, Paris, 352 p.

SEMAL LUC ET VILLALBA BRUNO, direction, 2018, Sobriété énergétique : contraintes matérielles, équité sociale et perspectives institutionnelles, Quae, Versailles, 208 p.

STIGLITZ JOSEPH, Grande Désillusion, 2003, Hachette, Le livre de poche, Paris, 407 p.

SZUBA MATHILDE, 2012, « Quotas individuels de carbone, rationnement et responsabilité », séminaire du 15 juin 2012, institut Momentum,

SZUBA MATHILDE, 2017, « Chapitre 4 - Le rationnement, outil convivial », Agnès Sinaï éd., *Gouverner la décroissance. Politiques de l'Anthropocène III.* Presses de Sciences Po, 2017, pp. 95-118.

SUPIOT ALAIN, 2015, La gouvernance par les nombres, Fayard, Paris, 512p.

THÉVARD BENOÎT, 2013, « La diminution de l'énergie nette, frontière ultime de l'Anthropocène », Séminaire du 13 décembre 2013, institut Momentum,

TORDJMAN HÉLÈNE, 2021, La croissance verte contre la nature, critique de l'écologie marchande, La Découverte, Paris, 352 p.

WRIGHT Erik Olin, 2017, Utopies réelles, La Découverte, L'horizon des possibles, Paris, 624 p.

W.W.F., 2022, Rapport Planète Vivante 2022 - Pour un bilan « nature » positif. Almond, R.E.A., Grooten, M., Juffe Bignoli, D. & Petersen, T. (Eds). WWF, Gland, Suisse

Appendice numérique

Liens vérifiés le 05/03/23 et parfois raccourcis (infini.fr) par l'auteur.

Bibliographie disponible au format numérique

Nom Prénom / Sigle, année	Lien	Qrcode
Azam Geneviève, 2007	https://www.cairn.info/revue-du-mauss-2007-1-page-110.htm	
Bihouix Philippe, 2011	https://link.infini.fr/bihouix-question-metaux-pdf	
Derosières Alain, 2008	http://books.openedition.org/pressesmines/901	
Derosières Alain, 2009	http://triangle.ens-lyon.fr/IMG/pdf/etatstats.pdf	
Dourson Fabienne, 2009	https://link.infini.fr/dourson-polanyi-encastrement-pdf-2	

NOM PRÉNOM / SIGLE, ANNÉE	LIEN	QRCODE
DOURSON FABIENNE, 2020	https://link.infini.fr/vivre-du-sien-vs-produire-pour-vendre	
F.A.O., 2021	https://www.fao.org/3/ca9825fr/ca9825fr.pdf	
JEVONS W. STANLEY, 1865	https://link.infini.fr/internet-archive	
MALLET LOÏS, 2020	https://link.infini.fr/rationnement-impose	
MAUCOURANT JÉRÔME, 2003	https://halshs.archives-ouvertes.fr/halshs-01018827/document	
MILL J.S, 1894	https://link.infini.fr/bnf	
OXFAM, 2020	https://link.infini.fr/oxfam-inegalites-pdf	

Nom Prénom / Sigle, année	Lien	QRcode
Plociniczak Sébastien, 2007	https://www.cairn.info/revue-du-mauss-2007-1-page-207.htm	
Szuba Mathilde, 2012	https://link.infini.fr/quotas-individuels-pdf	
Thévard Benoît, 2013	https://link.infini.fr/energie-nette-pdf	
Villermé Louis René, 1840	https://gallica.bnf.fr/ark:/12148/bpt6k6503b.pdf	
W.W.F., 2022	https://link.infini.fr/wwf-planete-vivante-pdf	

Sites ou rapports évoqués dans l'ouvrage

Nom / Sigle	Lien	Qrcode
A.D.E.M.E.	https://www.ademe.fr/	
A.F.E.P	https://link.infini.fr/afep-diversite-intellectuelle	
A.F.P.	https://link.infini.fr/afp-economistes-perspectives-divergentes	
Alternatives Économiques	https://link.infini.fr/ae-revolte-etudiants	
Autre Futur	https://link.infini.fr/pierre-hance-rojava-chiapas-pdf	
C.E.P.E.J.	https://link.infini.fr/cepej	

Nom / Sigle	Lien	Qrcode
Charte du journalisme	https://chartejournalismeecologie.fr/	
Conférence de Rio	https://link.infini.fr/rio-1992	
F.A.O.	https://www.fao.org/home/fr	
GIsmartware	https://link.infini.fr/gismartware-eau	
Globometer	https://link.infini.fr/globometer-destructions	
I.N.A.	https://link.infini.fr/ina-rene-dumont	
L.O.L.F.	https://www.economie.gouv.fr/lolf-20-ans https://link.infini.fr/lolf	

Nom / Sigle	Lien	QRcode
Le Monde	https://link.infini.fr/lm-appel-mondial-etudiants	
Légifrance DDH, 1789 GBC, 07/11/2012	https://link.infini.fr/legifrance https://link.infini.fr/legifrance-2	
Negawatt	https://www.negawatt.org/	
Observatoire des Inégalités	https://www.inegalites.fr /	
Open Data Platform	https://data.footprintnetwork.org/#/	
Rapport Attali, 2008	https://link.infini.fr/rapport-attali-pdf	
Rapport Bruntland, 1987	https://archive.org/details/eco-16	

Nom / Sigle	Lien	Qrcode
Rapport Meadows, 1972	https://link.infini.fr/rapport-meadows-pdf	
Rapport Stiglitz-Sen-Fitoussi, 2009	https://link.infini.fr/rapport-s-s-f-pdf	
Rapports du G.I.E.C.	https://link.infini.fr/giec	
Repair	https://esclavage-indemnites.fr/public/	
W.W.F.	https://www.wwf.fr/	

TABLE DES MATIÈRES

Structures éditoriales du groupe L'Harmattan

L'Harmattan Italie
Via degli Artisti, 15
10124 Torino
harmattan.italia@gmail.com

L'Harmattan Hongrie
Kossuth l. u. 14-16.
1053 Budapest
harmattan@harmattan.hu

L'Harmattan Sénégal
10 VDN en face Mermoz
BP 45034 Dakar-Fann
senharmattan@gmail.com

L'Harmattan Cameroun
TSINGA/FECAFOOT
BP 11486 Yaoundé
inkoukam@gmail.com

L'Harmattan Burkina Faso
Achille Somé – tengnule@hotmail.fr

L'Harmattan Guinée
Almamya, rue KA 028 OKB Agency
BP 3470 Conakry
harmattanguinee@yahoo.fr

L'Harmattan RDC
185, avenue Nyangwe
Commune de Lingwala – Kinshasa
matangilamusadila@yahoo.fr

L'Harmattan Congo
219, avenue Nelson Mandela
BP 2874 Brazzaville
harmattan.congo@yahoo.fr

L'Harmattan Mali
ACI 2000 - Immeuble Mgr Jean Marie Cisse
Bureau 10
BP 145 Bamako-Mali
mali@harmattan.fr

L'Harmattan Togo
Djidjole – Lomé
Maison Amela
face EPP BATOME
ddamela@aol.com

L'Harmattan Côte d'Ivoire
Résidence Karl – Cité des Arts
Abidjan-Cocody
03 BP 1588 Abidjan
espace_harmattan.ci@hotmail.fr

Nos librairies en France

Librairie internationale
16, rue des Écoles
75005 Paris
librairie.internationale@harmattan.fr
01 40 46 79 11
www.librairieharmattan.com

Librairie des savoirs
21, rue des Écoles
75005 Paris
librairie.sh@harmattan.fr
01 46 34 13 71
www.librairieharmattansh.com

Librairie Le Lucernaire
53, rue Notre-Dame-des-Champs
75006 Paris
librairie@lucernaire.fr
01 42 22 67 13

www.ingramcontent.com/pod-product-compliance
Lightning Source LLC
LaVergne TN
LVHW011010061026
849535LV00006B/1801